MEGAN FLYNN PETERSON

Der gesunde Dreh

DAS SPIRALSCHNEIDER KOCHBUCH

MEGAN FLYNN PETERSON

Der gesunde Dreh

DAS SPIRALSCHNEIDER KOCHBUCH

100

GEMÜSEGERICHTE IN WENIGER ALS 30 MINUTEN

Unimedica

IMPRESSUM

Megan Flynn Peterson
Der gesunde Dreh – Das Spiralschneider-Kochbuch
100 Gemüsegerichte in weniger als 30 Minuten
1. deutsche Auflage 2019
ISBN 978-3-96257-108-5
© Narayana Verlag, 2019

Titel der Originalausgabe: The Quick & Easy Spiralizer Cookbook
© 2018 by Megan Flynn Peterson
Photography © Marija Vidal, Food Styling by Cregg Green

Übersetzung aus dem Englischen: Simone Fischer
Layout & Satz: Nicole Laka
Abbildungen: © Marija Vidal, Food Styling by Cregg Green
Coverlayout: Annette Ahrend
Coverabbildungen: shutterstock, foodandcook

Herausgeber:
Unimedica im Narayana Verlag GmbH, Blumenplatz 2, D-79400 Kandern
Tel.: +49 7626 974 970–0
E-Mail: info@unimedica.de
www.unimedica.de

Für meine Tochter,
die ich hoffentlich stolz mache.

INHALT

3
SUPPEN,
SALATE & SANDWICHES 45

4
SNACKS &
BEILAGEN 69

VEGANE &
VEGETARISCHE HAUPTGERICHTE 83

HAUPTGERICHTE MIT
FISCH UND MEERESFRÜCHTEN 105

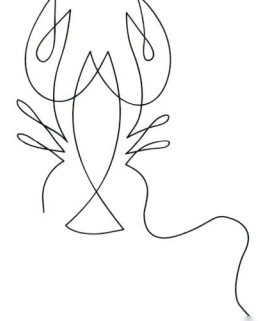

HAUPTGERICHTE
MIT HÄHNCHEN UND PUTE 125

HAUPTGERICHTE
MIT RIND- UND SCHWEINEFLEISCH 147

ANHANG 167

EINLEITUNG

Als ich 2012 damit aufgehört habe, Getreide zu essen, war ich mir sicher, dass mir der Verzicht auf Pasta am schwersten fallen würde. Nudeln zu kochen war so einfach, und ich liebte sie eben. Doch nach ein paar Wochen mit Paleo-Ernährung stellte ich fest, dass ich die Pasta gar nicht so sehr vermisste – stattdessen genoss ich meine neue Vollwertkost und war mit meiner neuen Ernährung, die aus Fleisch, Gemüse und Obst bestand, unglaublich zufrieden. Die Paleo-Ernährung tat mir gut, daher wollte ich gar nicht mehr zurückblicken.

Beinahe ein Jahr später fand ich heraus, dass man eine Zucchini in Nudeln schneiden und wie Pasta zubereiten kann, was mich begeisterte. Das Gericht war köstlich und befriedigend, und durch diese Art der Zubereitung eröffneten sich vollkommen neue Möglichkeiten für meinen Speiseplan. Bis zu diesem Zeitpunkt hatte ich glutenfreie Nudeln gekocht, wenn mich doch einmal der Heißhunger auf Pasta überkam. Das funktionierte zwar, aber ich kam mir dabei immer vor, als würde ich bei meiner Paleo-Diät schummeln. Mit Zucchininudeln (oder »Zoodles«, wie sie oft genannt werden) konnte ich meine Gelüste stillen, ohne mich von den Paleo-Prinzipien zu entfernen, die ich so gut fand.

Nachdem ich die Gemüsenudeln für mich entdeckt hatte, kaufte ich mir einen kleinen Spiralschneider für den Handbetrieb, mit dem sich Zucchini und Möhren und sogar Gurken gut verarbeiten ließen. Da ich aber irgendwann mein Repertoire der Spiralnudeln erweitern wollte, besorgte ich mir ein größeres Gerät. Ich arbeite jetzt mit einem größeren Spiralschneider, der auf meiner Arbeitsplatte steht und so gut wie jedes Gemüse spiralisieren kann.

Nachdem ich mich vier Jahre lang nach Paleo ernährt hatte, kam ich hier und da etwas davon ab und beschloss im Januar 2017 umzusatteln und ketogene Ernährung auszuprobieren. Ich liebe Paleo, weil es für mich sehr gut war – kein Getreide, keine Milchprodukte, kein Zucker. Man lernt die Ernährungsweise leicht, und wenn man den Dreh erst mal raus hat, stellt man fest, dass sie bei Weitem nicht so eingeschränkt ist, wie man anfangs denkt. Ich fühle mich, wenn ich mich auf diese Art ernähre, im Ganzen sehr viel besser. Eine ketogene Ernährungsweise ist aber auch sehr gut – sie legt ähnlich großen Wert auf Vollwertnahrung, und auch das Spiralisieren passt zu dieser Low-Carb-Ernährung mit vielen Fetten. Ich habe problemlos an Gewicht verloren, indem ich meine Makronährstoffe angepasst habe. Wenn man sich mit einer kohlenhydratarmen, sehr fetthaltigen Diät ernährt, gerät der Körper in den Zustand einer Ketose, wodurch er Fett statt Zucker verbrennt.

Ich habe festgestellt, dass Paleo und Keto eine tolle Kombination ergeben, wenn man ein paar Pfund verlieren oder seinen Stoffwechsel ankurbeln will. Keto ist etwas einschränkender, weil man Kalorien, Kohlenhydrate und Fett zählen muss. Wenn man sich daran aber erst einmal gewöhnt hat, geht es leicht von der Hand, und die Gerichte lassen sich ganz mühelos planen – vor allem mithilfe dieses Kochbuchs und meinen anderen Kochbüchern. Ich sehe die ketogene Ernährung gerne als kohlenhydratarme Paleo-Ernährung mit einigen Milchprodukten an, die man aber grundsätzlich ersetzen kann, falls man laktoseintolerant ist. Eine ausreichende Fettzufuhr ist mit Zutaten wie Kokosöl und Avocados leicht zu erreichen. Wenn Sie mehr darüber wissen und Keto ausprobieren möchten, werden Sie online schnell fündig, wenn sie nach Keto-Rechnern suchen. Diese können Ihnen dabei helfen, die richtigen Makronährstoffe für Ihre Ziele und Ihren Körpertyp zu finden. Ich freue mich, dass ich dieses Buch schreiben durfte, weil es das erste Mal war, dass ich Paleo- und Keto-Rezepte kombinieren konnte, und ich habe sogar noch einige vegetarische und auch vegane Gerichte eingefügt.

Das Jahr 2017 war für mich eines der arbeitsreichsten meines Lebens – zusätzlich zu meinem Blog habe ich Kochbücher wie dieses geschrieben und mich zum Pure Barre-Trainer ausbilden lassen. Dabei jeden Abend ein gesundes Essen auf den Tisch zu zaubern, erwies sich immer mehr als Herausforderung. Einige Monate später stellte ich fest, dass ich zum ersten Mal schwanger war, und dies machte es (nach ein paar Monaten) noch schwerer, gesunde, kohlenhydratarme Gerichte nach Paleo zuzubereiten. Und genau dort wurde die Idee für dieses Buch geboren (entschuldigen Sie bitte das Wortspiel): eine Auswahl an Rezepten, bei denen man mit dem

Spiralschneider köstliche, gesunde *und* schnelle Gerichte auf den Tisch bekommt – denn diese drei Kriterien sollte Essen sinnvollerweise erfüllen.

Sich einen Spiralschneider anzuschaffen und damit zu arbeiten bedeutet, dass Gemüse viel mehr Spaß macht, leichter zuzubereiten ist und außerdem auch viel schneller geht. Bei mir dauert das Schneiden und Hacken immer am längsten, aber mit einem Spiralschneider steckt man einfach Gemüse in das Gerät, dreht ein paarmal und hat eine perfekt geschnittene Zutat, die direkt weiterverarbeitet werden kann. Ich spiralisiere manchmal das gesamte Gemüse für ein Rezept, selbst wenn das meiste davon nur eine untergeordnete Rolle spielt (wie Zwiebeln oder grüne Paprika oder aromatisierende Gemüsesorten wie Sellerie, Möhren etc.), weil es einfacher und schneller ist als alles mit einem Messer kleinzuschneiden.

Sie finden in diesem Kochbuch Gerichte, die innerhalb von 30 Minuten vorbereitet, gekocht und serviert werden können. Für viele der Rezepte benötigen Sie nur fünf Hauptzutaten (wobei einige Basiszutaten wie Kochfette oder Gewürze nicht mitgezählt werden). Manche können in einem Topf, einer Pfanne oder einer Auflaufform zubereitet werden. Bei anderen müssen Sie den Herd gar nicht erst anstellen (diese sind mit »Rohkost« gekennzeichnet), hier handelt es sich meist um Rohkost-Gerichte oder einfache Salate. Die Zutaten sind natürlich, vollwertig und erschwinglich – ich werde Sie nicht in irgendwelche Spezialitätengeschäfte schicken, um Lebensmittel zu kaufen, die Sie ein einziges Mal benutzen und die dann im Vorratsschrank herumliegen. Manche der Rezepte sind Paleo, manche Keto. Alle sind glutenfrei und manche ohne Milchprodukte. Vor allem aber sind alle Gerichte befriedigend, denn mit den kreativen Gemüsenudeln muss man nicht auf die gewohnten und köstlichen Aromen, die man liebt, verzichten.

(IN)SPIRALI-SIERTES KOCHEN LEICHT GEMACHT

In diesem Kapitel lernen Sie die Grundlagen kennen, die Sie brauchen, um aus Ihrem Spiralschneider ein Küchengerät für gesundes Kochen zu machen. Manchmal reicht schon der Kauf eines Geräts wie dem Spiralschneider als Inspirationsquelle, doch ich hoffe, dass dieses Buch Sie zusätzlich beflügelt, mehr Gemüse in Gerichten einzusetzen, die ansonsten mit nicht so gesunden stärkehaltigen Lebensmitteln wie Pasta und Reis zubereitet würden.

Gemüsenudeln sind lecker

Gemüsenudeln sind während der letzten Jahre sehr populär geworden, und das aus gutem Grund – mit ihnen kann man auf einfache und schmackhafte Art und Weise Kohlenhydrate reduzieren, das Essen abwechslungsreicher gestalten und jeden Tag einen höheren Anteil an Nährstoffen zu sich nehmen. Mit einem einzigen kleinen Küchengerät kann man die unterschiedlichsten Gerichte kreieren, die sich alle rund ums Gemüse drehen.

PRAKTISCH UND GESUND

Was mir am Spiralisieren so gut gefällt ist, neben der Tatsache, dass Gemüsenudeln einfach köstlich sind, wie unglaublich einfach die Zubereitung ist. Ich spiralisiere zum Beispiel häufig selbst Zwiebeln, statt sie zu hacken, weil es einfach schneller geht als mit dem Messer. Außerdem spiralisiere ich zu Beginn der Woche immer verschiedene Gemüsesorten und bewahre sie in separaten Behältnissen auf, sodass ich sie schnell zur Hand habe. Die Kochzeit ist kurz, und viele der Gemüsesorten schmecken auch roh sehr gut, daher ist das Spiralisieren auf Vorrat praktisch, um während der ganzen Woche schnell etwas Gekochtes oder einen schnellen Salat auf dem Tisch zu haben. Ich liste hier einige Gemüsesorten auf, die sich sehr gut spiralisieren und im Kühlschrank aufbewahren lassen:

+ Zucchini (der perfekte Ersatz für gängige Pasta)
+ Sommerkürbis (eine gute Alternative zu Zucchini – manchmal aufgrund seiner Form etwas schwerer zu spiralisieren, halten Sie daher Ausschau nach größeren, nicht so kurvigen Exemplaren)
+ Möhren (schmecken gekocht köstlich, aber auch als rohe, knusprige Nudeln in Salaten)
+ Zwiebeln (passen zu so gut wie jedem Gericht)
+ Salatgurken (perfekt, um Salaten Biss zu geben)

Bei mir ist es so, dass ich durch den Einsatz von Gemüsenudeln anstelle von Pasta oder Reis generell mehr Gemüse esse, wenn ich mit dem Spiralschneider arbeite. Wenn ich spiralisierte Zucchini oder Möhren fertig zur Hand habe, gebe ich sie auch oft zu einem Omelett oder in einen Wrap, wo ich ansonsten eher Fleisch oder Käse verwendet hätte.

Los geht's

Legen wir los! Im folgenden Abschnitt erfahren Sie alles über den Spiralschneider und erhalten wertvolle Tipps dazu, wie Sie ihn am besten einsetzen.

EIN ÜBERBLICK ÜBER DIE GERÄTE

Es gibt mittlerweile viele verschiedene Spiralschneider, die von zahlreichen Herstellern angeboten werden, bei Preis und Typ sind Ihnen also keine Grenzen gesetzt. Das Wichtigste bei den Geräten, die wir in diesem Buch verwenden, ist, dass sie Messereinsätze haben sollten, die sich leicht austauschen lassen. So können verschiedene Spiralnudeln hergestellt werden. So wird Gemüse wieder spannend und das Essen nicht langweilig.

SPIRALSCHNEIDER MIT KURBEL
Diese Spiralschneider stehen auf der Arbeitsplatte, und man dreht eine Kurbel, um die Nudeln zu schneiden. Im Gegensatz zu Spiralschneidern in Sanduhrform kann man mit diesen Geräten auch Gemüsesorten verarbeiten, die nicht länglich, sondern zum Beispiel rund sind – so können auch Rote Bete, Zwiebeln, Pastinaken, Äpfel und viele anderen Obst- und Gemüsesorten in Pasta verwandelt werden. Alles, was man schälen kann und das in das Gerät passt, kann spiralisiert werden.

Die Spiralschneider mit Kurbel sind recht preiswert und leicht zu reinigen, sind aber etwas größer und benötigen daher mehr Platz in der Küche. Die Messer sind sehr scharf, daher sollte man immer sehr vorsichtig mit ihnen umgehen! Es ist mir zwar nur einmal passiert, aber ich habe mir damit mal in den Daumen geschnitten, und das war wirklich keine schöne Erfahrung!

Ich verwende die Marke Inspiralizer, aber es gibt viele andere Hersteller wie Paderno, Brieftons, Lurch, Twinzee und viele weitere. Die Klingen können sich bei den verschiedenen Geräten etwas unterscheiden, doch in der Regel werden immer Messereinsätze für breitere Bandnudeln, klassische Spaghetti und/oder zwei weitere Einsätze für Fettuccine oder Linguine mitgeliefert. Häufig sind diese mit A, B und C (sowie D, je nach Gerät) beschriftet. Bei jedem Rezept in diesem Buch ist die dafür richtige Klinge angegeben, wobei Sie sich natürlich auch immer für eine andere Klinge entscheiden können, wenn Ihnen das lieber ist. Ich verwende gerne den Messereinsatz für Bandnudeln für Pfannengerichte und Salate und den

Einsatz für Fettuccine oder Linguine für traditionelleren Pasta-Ersatz. Das Spaghetti-Messer kommt bei mir zum Einsatz, wenn es wirklich schnell gehen muss, weil man damit die dünnsten Nudeln herstellt und so auch harte Gemüsesorten wie Süßkartoffeln oder Butternusskürbis schnell weich gekocht sind.

VERWENDUNG Spiralschneider mit Kurbel sind von Hersteller zu Hersteller unterschiedlich, doch bei allen stellt man sie auf die Arbeitsfläche und fixiert das zu spiralisierende Gemüse an der Seite zwischen dem Messereinsatz und der Kurbel, die man dann dreht, um die Gemüsenudeln zu erhalten.

PRO
- Viel stabiler als Sanduhr-Modelle
- Kann so gut wie jede Obst- oder Gemüsesorte spiralisieren
- Verfügt über verschiedene Messereinsätze für unterschiedlich breite Nudeln

CONTRA
- Teurer
- Braucht mehr Platz in der Küche
- Erfordert etwas Übung

SPIRALSCHNEIDER IN SANDUHRFORM

Wenn Sie sich noch nicht sicher sind, ob Sie das Geld für einen Spiralschneider mit Kurbel ausgeben möchten (also die größeren Geräte, die auf der Arbeitsplatte stehen), können Sie erst einmal mit einem kugelförmigen Handgerät wie dem Veggetti oder Gefu loslegen.

VERWENDUNG Halten Sie den Sanduhr-Spiralschneider in der einen Hand, und stecken das Gemüse mit der anderen Hand hinein, mit der Sie es auch drehen. Meist verfügen diese Spiralschneider über zwei Schnittklingen, sodass Sie dickere und dünnere Gemüsenudeln fertigen können, je nachdem, welche Seite des Gerätes Sie verwenden.

PRO
- Kleiner
- Preisgünstiger
- Einfacher zu verwenden/lernen
- Braucht weniger Platz

CONTRA

+ Eingeschränkte Funktionen
+ Nicht so haltbar

Bei einem Handgerät in Sanduhrform, das natürlich günstiger ist und weniger Platz einnimmt, sind Sie auf die Gemüsesorten beschränkt, die in das Gerät passen – Zucchini, Salatgurken, Möhren, und das ist es auch schon. Das Gemüse muss länglich und gerundet sein, daher kann man Zwiebeln, Rüben und anderes nicht zylindrisches Gemüse nicht damit verarbeiten.

DIE REINIGUNG

Ich spiralisiere immer gerne eine Ladung Gemüse auf einmal und reinige das Gerät dann gründlich. Dabei verwende ich eine Bürste und Spülmittel und reinige das gesamte Gerät sorgfältig unter fließendem heißem Wasser, damit auch wirklich keine Gemüsestückchen mehr zwischen den Klingen stecken bleiben. Seien Sie bei der Reinigung aber vorsichtig – die Klingen sind scharf!

MESSEREINSÄTZE FÜR DEN SPIRALSCHNEIDER

Für die Rezepte in diesem Buch brauchen wir am häufigsten die Klinge für Spaghetti oder Linguine, außerdem das Messer für Bandnudeln für Salate und einige der Aufläufe. Beim meinem Spiralschneider sind die Klingen folgendermaßen benannt:

MESSER A Bandnudeln – sehr breit und flach
MESSER B Fettuccine – breit und flach
MESSER C Linguine – mittelbreit und rund
MESSER D Spaghetti – rund und dünn

Eventuell müssen Sie in der Bedienungsanleitung Ihres Gerätes nachschauen, welcher Einsatz welche Nudelsorte ergibt. Experimentieren Sie ein bisschen, um herauszufinden, welches Ergebnis Ihnen am besten gefällt. Mein Favorit war lange Zeit Messer D, mittlerweile ist es aber Messer C.

Denken Sie daran, dass die verschiedenen Nudelgrößen unterschiedliche Kochzeiten haben – Bandnudeln (A) sind viel schneller gar als Linguine (C) oder Spaghetti (D). Sie können sich natürlich Ihre Lieblingsnudeln aussuchen und dabei bleiben, in diesem Buch kommen aber die unterschiedlichen Klingen alle zum Einsatz.

Was kann man spiralisieren

GEEIGNETE OBST- UND GEMÜSESORTEN

Nahezu jedes Gemüse lässt sich zu Spiralnudeln verarbeiten, einige eignen sich jedoch besonders gut.

Zusätzlich zu den Klassikern wie Zucchini, Salatgurken, Kartoffeln und Brokkoli können Sie auch Gemüse wie Zwiebeln und sogar Obst, zum Beispiel Äpfel oder Birnen, spiralisieren. Probieren Sie es einfach aus. Das ideale Obst und Gemüse für den Spiralschneider sollte innen nicht hohl sein, nicht zu viele Kerne haben oder innen sehr hart sein (auch hier gibt es einige Ausnahmen – so lassen sich beispielsweise Ananas und Butternusskürbis problemlos verarbeiten). Außerdem sollte das Gemüse nicht zu klein sein, also schon einige Zentimeter lang und dick, damit man auch etwas zum Verarbeiten hat. Und nicht zu vergessen, sollte das Fleisch recht fest sein, damit es unter Druck nicht zerfällt – Äpfel funktionieren viel besser als Pfirsiche.

TIPPS FÜR OBST- UND GEMÜSERESTE

Spiralnudeln sind eine feine Art, um Gemüse zuzubereiten, es bleiben aber oft Obst- und Gemüsereste übrig. Ich gebe herausgetrenntes Kerngehäuse und Gemüsestückchen, aus denen keine Spiralnudeln mehr gemacht werden können, immer in eine Plastiktüte und friere sie ein, damit ich später daraus eine Brühe kochen kann. So hebe ich Zwiebelschalen, das Abgeschälte von Möhren und jegliche Reste, die beim Spiralisieren entstehen, auf. Sobald die Tüte voll ist, gebe ich alles in einen Topf, werfe noch ein oder zwei Knoblauchzehen dazu, fülle den Topf mit Wasser auf und lasse das Ganze ein bis zwei Stunden sanft köcheln (Gemüsebrühe sollte nicht kochen, wie Fleischbrühe, da sie dann schnell bitter wird).

Tipps für erfolgreiches Spiralisieren

Immer, wenn man sich ein neues Küchengerät anschafft, muss man erst einmal den Umgang damit erlernen. Mit einem Spiralschneider verändert man zusätzlich dazu noch seine Essgewohnheiten. Mit diesen Tipps wird das Spiralisieren ganz einfach:

- Versuchen Sie, Gemüse zu finden, das sich leicht spiralisieren lässt. Das wird mit zunehmender Übung einfacher, doch zu Beginn sollten Sie sicherstellen, dass das Gemüse dick genug ist, damit man überhaupt Material für den Spiralschneider hat, und möglichst gerade, damit man tatsächlich Nudeln erhält.

- Waschen und schälen Sie das Gemüse vor dem Einsatz. Gemüse wie Zucchini und Kartoffeln müssen Sie nicht schälen, es sei denn, Sie mögen das lieber, doch jede Gemüsesorte, die Sie auch ansonsten schälen würden, sollten Sie auch schälen, bevor Sie daraus Nudeln machen (z.B. Süßkartoffeln, Möhren oder Zwiebeln).

- Lassen Sie die Nudeln trocknen, bevor Sie sie kochen, damit das Essen nicht matschig wird. Bei der Verarbeitung von Zucchini oder Sommerkürbis empfehle ich, sich die Zeit zu nehmen, sie mindestens 20 Minuten in einem Sieb zu belassen und zwei bis 3 Esslöffel Salz darüber zu streuen. Nach 20 Minuten spülen Sie sie ab, tupfen sie trocken und fahren mit dem Rezept fort. Das verlängert zwar die Zubereitungszeit, doch wenn Sie das Gericht im Voraus planen, können Sie das Gemüse, wenn Sie kochen wollen, schon fertig haben. Natürlich ist dieser Schritt aber optional. Wenn Sie keine Zeit haben oder Ihnen das zu mühselig ist, lassen Sie Zucchini oder Sommerkürbis einfach etwas kürzer garen – maximal zwei bis drei Minuten –, damit die Gemüsenudeln al dente bleiben und eine Textur haben, die der von echter Pasta ähnelt.

- Kürzen Sie die Gemüsenudeln nach dem Spiralisieren, da Sie sonst super lange Nudeln erhalten. Ich schneide sie immer grob mit einer Schere klein, um Nudeln zu erhalten, die eine etwas praktischere Länge haben.

Hilfreiche Küchenausstattung

Sie haben einen Spiralschneider und sind bereit, in die Welt der Gemüsenudeln einzutauchen. Mit der richtigen Küchenausstattung wird das Kochen noch einfacher. Die Herstellung von Spiralnudeln ist zwar sehr einfach und geht schnell, benötigt aber etwas Vorbereitung. Mit den folgenden Hilfsmitteln wird es noch leichter, die gesunden Gerichte vorzubereiten, zu spiralisieren und zu kochen.

Meine 15 Lieblingslebensmittel für den Spiralschneider

Lebens- mittel	Zubereitung	Kochmethode	Isst man am besten als ...	Messer- einsatz
Zucchini	Enden abschneiden, nicht schälen	Roh oder kurz gedünstet	Nudeln, Suppen	B, C oder D
Sommer- kürbis	Enden abschneiden, nicht schälen	Roh oder kurz gedünstet	Nudeln, Suppen	B, C oder D
(Rote) Bete	Schälen, Enden abschneiden	Roh oder kurz gedünstet	Salate	Alle möglich
Möhren	Mittelgroße Möhren verwenden. Schälen, Enden abschneiden	Roh oder kurz gedünstet	Nudeln, Suppen, Salate	Alle möglich
Butternuss- kürbis	Gründlich schälen, Knolle abschneiden, nur den oberen Teil spiralisieren (den Teil ohne Kerne)	Roh oder gedünstet	Nudeln, Suppen, Aufläufe	A, B oder C
Süß- kartoffeln	Schälen, Enden abschneiden	Roh oder gedünstet	Nudeln, Suppen, Auf- läufe, Salate	Alle möglich
Kartoffeln	Wenn gewünscht schälen. Enden vor dem Spiralisieren abschneiden	Roh oder gedünstet	Nudeln, Aufläufe, als Kruste oder Sandwich	Alle möglich
Salatgurken	Wenn gewünscht schälen. Enden vor dem Spiralisieren abschneiden	Roh	Salate	Alle möglich
Brokkoli	Röschen entfernen, Stiel schälen, dabei Unebenheiten entfernen. Nur den Stiel spiralisieren	Kurz gedünstet oder gebraten	Nudeln, Sup- pen, Pfannen- gerichte	B, C oder D
Rüben	Schälen, Enden abschneiden	Gebraten oder gedünstet	Nudeln, Aufläufe	C oder D
Weißkohl	Äußere Blätter entfernen, Strunk belassen, mit dem Strunk am Spiralschneider fixieren	Roh, gebraten oder gedünstet	Salate, Pfannen- gerichte	A
Paprika- schoten	Kerne und Stiel vor dem Spirali- sieren entfernen	Roh oder kurz gedünstet	Nudeln, Pfannen- gerichte, Salate	D
Zwiebeln	Enden abschneiden; äußere Schicht abziehen	Gebraten oder gedünstet	Passt als Aromageber zu allem	D
Daikon- Rettich	Schälen, Enden abschneiden	Gebraten oder gedünstet	Nudeln, Reis, Pfannen- gerichte	C oder D
Äpfel	Kerngehäuse mit einem Entkerner entfernen und Enden abschneiden	Roh oder kurz gedünstet	Salate, gebackene Gerichte	A

UNVERZICHTBAR

GUTES MESSER Ein scharfes, qualitativ hochwertiges Küchenmesser brauchen Sie, um Gemüseenden zu kappen, bevor Sie das Produkt in den Spiralschneider geben, außerdem, um andere Lebensmittel schnell und sicher zu zerkleinern. Das Messer sollte immer gut geschärft sein.

SCHNEIDEBRETT Entweder aus Holz oder Plastik. Das Brett sollte breit genug sein, um problemlos auch große Lebensmittel wie Butternusskürbis darauf zu schneiden. Ich mag die Optik von Holz-Schneidebrettern (vor allem von ganz großen, hübschen, die ich auf meiner Arbeitsplatte liegen lassen kann), finde aber Plastik-Schneidebretter praktischer, weil man darauf Gemüse und rohes Fleisch schneiden kann und sie sich wesentlich leichter reinigen lassen. Wenn Sie nur eins kaufen wollen, empfehle ich ein großes Plastik-Schneidebrett.

GUTER SPARSCHÄLER Viele Gemüsesorten (Butternusskürbis, Möhren etc.) sollten vor dem Einsatz im Spiralschneider geschält werden. Suchen Sie sich einen Schäler mit einer stabilen, scharfen Klinge, der gut in der Hand liegt.

HANDREIBE ODER TURMREIBE, um Gemüse-Reis zu erhalten oder Gemüse zu reiben: Blumenkohl ist ein guter kohlenhydratarmer Ersatz für Reis und für manche brotartigen Zutaten, lässt sich aber nicht gut im Spiralschneider verarbeiten. Daher verwende ich eine Reibe, um ihn vor dem Kochen in eine reisförmige Konsistenz zu bringen.

GROSSE, ANTIHAFTBESCHICHTETE PFANNE Unverzichtbar, um Gemüsenudeln zu dünsten

SCHWERER, MITTELGROSSER BIS GROSSER SUPPENTOPF Braucht man zum Kochen von Gemüsenudeln oder für die komplexeren Gerichte wie Suppen oder Eintöpfe.

HILFREICHE EXTRAS

STANDMIXER ODER KÜCHENMASCHINE Damit kann man Gemüse-Reis und geriebenes Gemüse schneller herstellen als mit einer Hand- oder Turmreibe, ist aber nicht notwendig.

SCHONGARER Nicht die beste Wahl, um Gemüsenudeln zu kochen, aber man kann darin ein Gericht den ganzen Tag köcheln lassen und die Nudeln ein paar Minuten vor dem Servieren dazugeben.

Sinnvolle Vorräte

Gemüse und Eiweiß sind wichtig, und mit einer gut ausgestatteten Vorrats-kammer wird gesundes Kochen noch einfacher und köstlicher. Die folgenden Gewürze und Zutaten habe für meine Gerichte ich immer im Regal oder Kühlschrank:

+ Butter von Weidekühen (Hier immer als Bio-Butter bezeichnet)
+ Eier (wenn möglich bio)
+ Geröstetes Sesamöl
+ Getrocknete Kräuter und Gewürze (ich verwende am häufigsten Knoblauchpulver, Zwiebelpulver, rote Paprikaflocken, Cayennepfeffer, Oregano und Thymian)
+ Ghee (wenn Sie es im Laden nicht bekommen, finden Sie ein Rezept auf Seite 30)
+ Glutenfreie Sojasoße (bei striktem Paleo auch Coconut Aminos)
+ Grobes Salz
+ Honig (oder Agavendicksaft bei veganer Küche)
+ Kokosöl
+ Olivenöl extra vergine
+ Pfefferkörner (ich empfehle sehr, den Pfeffer frisch zu mahlen!)
+ Reisessig
+ Scharfe Würzsoße (ich liebe Frank´s Red Hot und Sriracha Soße)

Das ist die Grundausstattung, die ich immer im Haus habe, häufig habe ich aber auch Currypulver und eine Chili-Knoblauch-Soße auf Vorrat. Suchen Sie sich die Dinge aus, die für Sie passen und legen sich diese auf Vorrat, so haben Sie immer alles zur Hand, um köstliche Mahlzeiten zuzubereiten!

Die Rezepte

Die Rezepte in diesem Buch sind unkompliziert und köstlich – denn mein Ziel ist es, dass Sie innerhalb von 30 Minuten oder weniger ein gesundes Essen auf dem Tisch haben, ohne zu viel Zeit und Geld beim Einkaufen

investieren zu müssen. Jedes Rezept in diesem Buch lässt sich schnell mithilfe von überall verfügbaren Zutaten zubereiten. Mindestens die Hälfte der Gerichte braucht nur 5 Zutaten, ist Rohkost oder One-Pot, dies ist entsprechend gekennzeichnet:

- 5 Zutaten: Für dieses Rezept benötigen Sie 5 oder weniger Zutaten, ausgenommen Speisefette und Gewürzen.
- Rohkost: Schnelle, einfache Rezepte, die nicht gekocht werden, wie Salate oder rohe Nudelgerichte.
- One-Pot: Das Rezept kann in einem Topf, einer Pfanne oder Schüssel zubereitet werden. Weniger Geschirr bedeutet mehr Zeit zum Essen und mehr Zeit für die Dinge, die Sie lieben!

Unter den Rezepten stehen außerdem die Nährwertangaben und der Brennwert. Ich habe zudem einige Varianten eingefügt, um Ihren Ernährungsbedürfnissen gerecht zu werden, so lassen sich bestimmte Zutaten austauschen, um ein Gericht vegan oder Paleo zuzubereiten. Bei den ketogenen Rezepten sollten Sie berücksichtigen, wie viele Kohlenhydrate Sie über den Tag verteilt mit anderen Gerichten und Snacks zu sich nehmen. Ein Keto-Rechner hilft Ihnen dabei, die ideale Zusammensetzung von Kohlenhydraten, Protein und Fett für sich zu finden. Alle Rezepte in diesem Buch sind glutenfrei, und jedes Rezept ist wie folgt gekennzeichnet, sodass Sie schnell sehen können, ob es zu Ihrem persönlichen Ernährungsplan passt:

- Ketogen
- Milchfrei
- Paleo
- Vegan
- Vegetarisch

Fünf kohlenhydratarme Lebensmittel als Ersatz für Grundnahrungsmittel

Wie Sie wissen, können Spiralnudeln den großen Unterschied ausmachen, wenn man seine kohlenhydratarme Ernährung aufpeppen möchte. Die folgenden Gemüsesorten verwende ich am häufigsten als Ersatz für Pasta, Reis und sogar Brot:

1. Zucchini
2. Sommerkürbis
3. Daikon-Rettich
4. Blumenkohl
5. Brokkoli

Pasta

Mein Lieblingsersatz für Pasta ist die klassische Zucchininudel, auch »Zoodle« genannt. Wenn ich die Zeit habe, salze ich die Zucchini gut und lasse sie mindestens 20 Minuten im Sieb – dadurch tropft überschüssige Feuchtigkeit ab, und die Zucchini werden beim Kochen nicht matschig. Ich koche sie nur wenige Minuten – nur so lange, bis sie die Soße, Würzung und/oder das Protein, mit dem ich sie koche, aufgenommen haben. Meiner Meinung nach ähneln sie mehr einer al dente gekochten Pasta, wenn sie noch Biss haben, und diese Ähnlichkeit ist mir wichtig. Ich verwende statt Zucchini auch gerne Sommerkürbis, weil er noch milder im Geschmack ist, und da er weiß oder gelb statt grün ist, ähnelt er optisch den normalen Nudeln noch mehr.

Reis

Kohlenhydratarmen »Reis« erhält man, wenn man festes Gemüse wie Daikon-Rettich spiralisiert und ihn danach hackt oder im Mixer zerkleinert, bis er reisartig aussieht. Auch Blumenkohl kann zu »Reis« werden, wenn man ihn mit einer Handreibe reibt, in der Küchenmaschine zerkleinert oder einfach fertigen Blumenkohl-Reis im Laden kauft (oft mit »Cauli Rice« ausgezeichnet). Auf Seite 162 finden Sie ein Rezept für gebratenen Reis, eine noch einfachere Version stellen sie her, wenn Sie ihn 8 bis 10 Minuten in Butter oder Olivenöl braten und mit Salz und Pfeffer würzen. Dazu passt so gut wie jede Soße oder jedes Protein, er schmeckt aber auch alleine als schneller Snack gut.

Brot

Meine Mutter hat mich letztes Jahr regelrecht vom Hocker gehauen, als sie köstliche kleine Brötchen aus Blumenkohl und Brokkoli im Ofen gebacken hat. Davon mache ich mittlerweile immer eine ganze Ladung und verwende sie für Sandwiches, wenn mir nach etwas Brotartigem ist. Das Rezept finden Sie auf Seite 36. Sie brauchen dafür Blumenkohl-Reis, den Sie, wie oben erwähnt, auch fertig kaufen können. Wenn Ihnen die Stücke der gekauften Variante zu groß sind, zerkleinern Sie sie kurz in der Küchenmaschine. Ob gekauft oder selbstgemacht, das beste Ergebnis erzielen Sie, wenn die Stücke ungefähr Reisgröße haben.

FRÜHSTÜCK &
BRUNCH

Als Kind war das Frühstück die Mahlzeit des Tages, die ich am wenigsten mochte. Heute ist es fast schon meine Lieblingsmahlzeit. Ich liebe es, zum Brunch auszugehen oder zuhause ein großes Frühstück zuzubereiten, vor allem am Wochenende. Meist mache ich dann Eier mit Speck, manchmal noch mit Kartoffeln, und immer gibt es viel Kaffee. Doch bis ich das Spiralisieren für mich entdeckt hatte, verschwendete ich kaum einen Gedanken daran, irgendwelches Gemüse zum Frühstück oder Brunch zuzubereiten. In diesem Kapitel finden Sie zahlreiche Frühstücksrezepte, die Ihnen hoffentlich dabei helfen, mehr Gemüse in Ihre erste (und wie man sagt wichtigste) Mahlzeit des Tages einzubinden.

Spiralisierte Obst-Smoothie-Bowl

5 ZUTATEN ✳ ROHKOST ✳ PALEO ✳ VEGAN

Ich bin ein großer Fan von morgendlichen Smoothies, finde aber, dass sie schnell langweilig werden, wenn man sie täglich trinkt. Wenn ich die Zeit dafür habe, bereite ich mir daher gerne eine Smoothie-Bowl zu. Darauf gebe ich verschiedene Früchte, Nüsse und Samen, was nicht nur ein befriedigendes Essgefühl vermittelt, sondern auch hübsch anzusehen ist. Dieses Rezept ist eine meiner Lieblings-Smoothie-Schalen mit den Toppings, die ich am liebsten mag, aber natürlich können Sie es für sich selbst nach Belieben anpassen.

2 PORTIONEN
VORBEREITUNGSZEIT 10 MINUTEN
MESSEREINSATZ A, B ODER C

300 g TK-Beeren

2 Bananen

30 g frischer Spinat

250 ml Mandelmilch

Toppings: Spiralisierter Apfel, Birne, sogar Orange (kann man mit der Schale mit Klinge A spiralisieren), gehobelte Mandeln, ungesüßte Kokosnuss, Chiasamen

1. Die Beeren, Bananen, den Spinat und die Mandelmilch in einem Standmixer zu einer dickflüssigen Masse pürieren.

2. In zwei Schüsseln gießen, die gewünschten Toppings daraufgeben und servieren.

Tipp *Wenn Sie sich nicht vegan ernähren und Ihrem Smoothie ein Milchprodukt hinzufügen möchten, können Sie 125–250 g Joghurt zu der Mischung hinzugeben.*

PRO PORTION
Kalorien **230** gesättigte Fettsäuren **0 g** Fett gesamt **4 g** Eiweiß **4 g** Kohlenhydrate **46 g** Ballaststoffe **10 g** Natrium **193 mg**

Haferbrei mit Zucchininudeln

5 ZUTATEN ✳ ONE-POT ✳ VEGAN

Da ich mich fast ausschließlich nach Paleo ernähre, esse ich nur selten Haferbrei, doch wenn ich es mal mache, hält es meist lange an, und ich esse dann fast jeden Morgen Haferflocken. Der Brei ist schnell gemacht und hält lange satt, und es gibt unzählige Varianten, wie man ihn abwandeln kann. In dieses Rezept hat sich eine Zucchini eingeschlichen, was vielleicht merkwürdig klingt, aber ein guter Weg ist, um etwas mehr Gemüse in Ihren Speiseplan (und den Ihrer Kinder) zu schmuggeln.

4 PORTIONEN
VORBEREITUNGSZEIT 5 MINUTEN
KOCHZEIT 5 MINUTEN
MESSEREINSATZ B

830 ml Wasser

¼ TL Salz

200 g Haferflocken

1 große Zucchini, spiralisiert und grob gehackt

Als Geschmacksverstärker (optional): 1 TL Vanilleextrakt, 1 TL Zimt, 35 g Rosinen, Bananenscheiben, gehobelte Mandeln und / oder einige EL Erdnussbutter

1. Das Wasser salzen und in einem mittelgroßen Topf zum Kochen bringen.

2. Haferflocken hineingeben und auf mittlere Hitze reduzieren. Ohne Deckel 1 Minute köcheln lassen, ab und zu umrühren. Vom Herd nehmen und abgedeckt ca. 1 Minute lang stehen lassen, damit die Haferflocken die Flüssigkeit aufnehmen können.

3. Die Zucchini hinzugeben und gut umrühren. In Müslischüsseln verteilen, mit den gewünschten Toppings bestreuen und servieren.

Tipp *Kochen Sie die Haferflocken in Milch oder Ihrer Lieblingspflanzenmilch, das verleiht ihnen noch mehr Aroma.*

PRO PORTION
Kalorien **163** / gesättigte Fettsäuren **1 g** / Fett gesamt **3 g** / Eiweiß **6 g** / Kohlenhydrate **29 g** / Ballaststoffe **5 g** / Natrium **115 mg**

Zucchinibrot-Muffins

PALEO ✳ VEGETARISCH

Ich bereite diese Muffins gerne im Herbst und Winter zu und genieße sie als einfaches Frühstück mit einer Tasse Kaffee, manchmal auch nachmittags mit einem heißen Tee. Es geht schneller, die Zucchini zu spiralisieren, als sie zu reiben, außerdem macht es die Muffins etwas aufregender – denn wer möchte keine Zucchininudeln in seinem Zucchinibrot? Gemüsenudeln kann man wirklich in allem verarbeiten – sogar in Backwaren!

ERGIBT 12 MUFFINS
VORBEREITUNGSZEIT 5 MINUTEN
BACKZEIT 25 MINUTEN
MESSEREINSATZ D

90 g Kokosmehl

6 Eier, Größe L

160 g Ahornsirup oder Agavendicksaft

60 ml Kokosöl oder 60 g Bio-Butter, geschmolzen

1 TL Vanilleextrakt

1 TL Zimt, gemahlen

¾ TL Natron

1 Prise Salz

1 große Zucchini, spiralisiert

PRO PORTION
Kalorien **180** / gesättigte Fettsäuren **5 g** / Fett gesamt **9 g** / Eiweiß **7 g** / Kohlenhydrate **19 g** / Ballaststoffe **6 g** / Natrium **187 mg**

1. Backofen auf 190 °C vorheizen. Eine Muffinform mit Papier-Muffinförmchen auslegen.

2. Kokosmehl, Eier, Ahornsirup, Kokosöl, Vanille, Zimt, Natron und Salz in eine große Schüssel geben. Sehr gut verrühren, dann die Zucchininudeln hinzugeben und unterheben.

3. Den Teig gleichmäßig auf die Muffinförmchen verteilen und 20 bis 25 Minuten backen. Backprobe mit einem Messer oder Zahnstocher machen, wenn nichts mehr daran kleben bleibt, sind die Muffins gut. Aus dem Ofen nehmen und abkühlen lassen, dann erst aus der Form lösen.

4. Direkt servieren oder in einem verschlossenen Behälter im Kühlschrank bis zu 5 Tage aufbewahren.

Tipp Wenn Sie mehr Zeit haben und statt Muffins ein Brot backen möchten, geben Sie den Teig in eine kleine Kastenform und backen das Brot 40 bis 45 Minuten. Backprobe mit einem Messer oder Zahnstocher machen, wenn nichts mehr daran kleben bleibt, ist das Brot gut.

Paleo-Bananenbrot-Muffins mit Möhrennudeln

PALEO ✳ VEGETARISCH

Geht es Ihnen auch so wie mir, Sie kaufen Bananen und vergessen sie dann. Das ist wirklich nervig, hat aber auch ein Gutes: Bananenbrot! Ich habe das Brot früher immer in einer Kastenform gebacken, aber Muffins sind viel schneller fertig und ideal zum Mitnehmen. Nichts einfacher, als sich morgens auf dem Weg nach draußen einen leckeren Muffin zu schnappen. Die Möhrennudeln sorgen für mehr Gehalt. Außerdem kann ich dadurch Möhrenreste verarbeiten, die ich fast genauso oft im Kühlschrank vergesse wie die Bananen.

ERGIBT 12 MUFFINS
VORBEREITUNGSZEIT 5 MINUTEN
BACKZEIT 25 MINUTEN
MESSEREINSATZ D

3 oder 4 sehr reife Bananen, gut zermatscht

4 Eier, Größe L

120 g Mandelbutter

4 EL Bio-Butter, geschmolzen

1 TL Vanilleextrakt

60 g Kokosmehl

1 TL Natron

1 TL Backpulver

1 TL Zimt, gemahlen

1 Prise Salz

2 oder 3 Möhren, spiralisiert

PRO PORTION
(1 Muffin)
Kalorien 142 / gesättigte Fettsäuren 4 g / Fett gesamt 7 g / Eiweiß 4 g / Kohlenhydrate 16 g / Ballaststoffe 5 g / Natrium 195 g

1. Den Backofen auf 190 °C vorheizen. Eine Muffinform mit Papier-Muffinförmchen auslegen.

2. Bananen, Eier, Mandelbutter, Butter und Vanilleextrakt in einer großen Schüssel gut miteinander verrühren.

3. Kokosmehl, Natron, Backpulver, Zimt und Salz hinzugeben. Gut unterrühren, dann die Möhren untermischen.

4. Den Teig gleichmäßig auf die Muffinförmchen verteilen und 20 bis 25 Minuten backen. Backprobe mit einem Messer oder Zahnstocher machen, wenn nichts mehr daran kleben bleibt, sind die Muffins gut.

5. Direkt servieren oder in einem verschlossenen Behälter im Kühlschrank bis zu 5 Tage aufbewahren.

Tipp Sie können aus diesen Muffins ein Dessert zaubern, wenn Sie 80 g dunkle Schokotröpfchen oder Schokoraspel hinzugeben.

Getreidefreie spiralisierte Apfel-Pfannkuchen

PALEO ✳ VEGETARISCH

Ursprünglich habe ich dieses Rezept mit Frühstücksspeck statt mit Apfelnudeln zubereitet, aber immer, wenn es Herbst wird, habe ich Heißhunger auf Äpfel mit Zimt und peppe alle möglichen Gerichte damit auf. Dieses Pfannkuchen-Rezept ist einfach nachzukochen, und die Pfannkuchen lassen sich leicht wenden, was bei Weglassen von normalem Mehl schon mal eine Herausforderung sein kann. Ich esse sie gerne mit etwas Butter und warmem Ahornsirup, den Sie natürlich weglassen können, wenn Sie weniger Kohlenhydrate zu sich nehmen möchten.

2 BIS 4 PORTIONEN
VORBEREITUNGSZEIT 5 MINUTEN
KOCHZEIT 15 MINUTEN
MESSEREINSATZ A ODER D

2 reife Bananen

3 Eier, Größe L

3 EL Kokosmehl

1 TL Vanilleextrakt

¼ TL Natron

½ TL Zimt, gemahlen

1 Prise Salz

1–2 EL Bio-Butter, plus mehr zum Anrichten

1 großer Apfel, spiralisiert

Einige EL Ahornsirup zum Anrichten (optional)

PRO PORTION
Kalorien **472** / gesättigte Fettsäuren **13 g** / Fett gesamt **22 g** / Eiweiß **15 g** / Kohlenhydrate **57 g** / Ballaststoffe **15 g** / Natrium **458 mg**

1. Bananen, Eier, Kokosmehl, Vanille, Natron, Zimt und Salz in einem Standmixer oder der Küchenmaschine zu einem glatten Teig mixen.

2. Etwas Butter auf einen Crêpes-Maker oder in eine antihaftbeschichtete Pfanne geben und bei mittlerer Temperatur schmelzen lassen. Kleine, flache Häufchen der Apfelnudeln, ungefähr handtellergroß, in die Pfanne geben, dabei ausreichend Platz zum Wenden lassen. 1 bis 2 Minuten braten lassen.

3. Wenn die Nudeln etwas weich geworden sind, über jedes Apfelhäufchen eine kleine Menge des Pfannkuchenteigs geben, sodass ein runder Pfannkuchen entsteht. 3 bis 4 Minuten braten lassen, dann vorsichtig wenden und auf der anderen Seite weitere 3 bis 4 Minuten braten. Aus der Pfanne nehmen und warm halten. Mit der restlichen Butter, Äpfeln und Teig wiederholen.

4. Warm mit etwas geschmolzener Butter oder einigen Tropfen Ahornsirup (wenn gewünscht) servieren.

Tipp Wenn Sie kein Vegetarier sind, können Sie statt der Äpfel auch Frühstücksspeck verwenden, dieser bringt etwas mehr Fett und Eiweiß in das Rezept.

Paleo-Crêpes mit Birnennudeln

PALEO ✳ VEGETARISCH

Ich frühstücke gerne herzhaft, aber wenn mir nach einem süßen Frühstück oder Brunch ist, sind diese Paleo-Crêpes genau richtig. Ich fülle sie gerne mit einer Reduktion aus Früchten und Honig. Die Birnennudeln, die in die warmen, lockeren (und getreidefreien!) Crêpes gerollt werden, sind einfach köstlich.

2 PORTIONEN
VORBEREITUNGSZEIT 5 MINUTEN
KOCHZEIT 20 MINUTEN
MESSEREINSATZ D

Für die Birnennudeln
1 EL Bio-Butter

1 große Birne, spiralisiert

Saft von ½ Zitrone

1–2 EL Honig (optional)

Für die Crêpes
5 Eier, Größe L

3 EL Mandelmehl

2 EL Pfeilwurzmehl (gesiebt, damit es nicht klumpt)

1 TL Vanilleextrakt

1 TL Zimt, gemahlen

1 Prise Salz

2 EL Kokosöl oder Bio-Butter, zum Fetten der Pfanne

PRO PORTION
Kalorien **432** / gesättigte Fettsäuren **19 g** / Fett gesamt **32 g** / Eiweiß **15 g** / Kohlenhydrate **22 g** / Ballaststoffe **3 g** / Natrium **279 mg**

Zubereitung der Birnennudeln

1. Butter in einer großen antihaftbeschichteten Pfanne bei mittlerer Temperatur schmelzen. Birnennudeln, Zitronensaft und Honig (wenn verwendet) hineingeben. Sanft miteinander verrühren und 2 bis 3 Minuten dünsten lassen.

2. Temperatur auf niedrigste Stufe stellen und Pfanne abdecken.

Zubereitung der Crêpes

1. Eier in einer mittelgroßen Schüssel verquirlen. Mandel- und Pfeilwurzmehl, Vanille, Zimt und Salz hinzugeben. Zu einem glatten Teig verrühren.

2. Eine mittelgroße, antihaftbeschichtete Pfanne bei mittlerer Temperatur erhitzen. Etwas Kokosöl hineingeben, dann schnell ca. 60 ml des Crêpe-Teigs in die Pfanne gießen. Die Pfanne schwenken, damit der Teig sich gleichmäßig verteilt und 2 bis 3 Minuten garen, bis die Unterseite goldbraun ist.

3. Den Crêpe mit einem großen Holzspatel wenden und eine weitere Minute oder länger braten, bis auch die zweite Seite goldbraun ist.

4. Crêpe auf einen Teller geben und mit dem restlichen Öl und Teig wiederholen.

5. Die Birnennudeln vom Herd nehmen. Die Crêpes anrichten, dazu einige Esslöffel der Birnen in die Mitte von jedem Crêpe geben, aufrollen und direkt servieren.

Tipp Als Geschmacksvariante eignen sich Äpfel statt Birnen.

Süßkartoffelpuffer

5 ZUTATEN ✳ ONE-POT ✳ PALEO ✳ VEGETARISCH

Diese Süßkartoffelpuffer gab es früher bei uns oft, wenn wir Gäste zum Brunch hatten, aber ich ließ es dann nach, weil das Schälen und Kleinschneiden bei mir so lange dauert; und wenn ich nicht rechtzeitig damit anfange, mache ich es lieber gar nicht. Das Spiralisieren geht doppelt so schnell, und es gibt diese Süßkartoffelpuffer öfter als je.

1 ODER 2 PORTIONEN
VORBEREITUNGSZEIT 5 MINUTEN
KOCHZEIT 20 MINUTEN
MESSEREINSATZ C

2 Knoblauchzehen, gehackt

1 kleine Zwiebel, spiralisiert

½ grüne Paprikaschote, spiralisiert und grob gehackt

2 EL Ghee (oder geklärte Bio-Butter), aufgeteilt

2 mittelgroße Süßkartoffeln, geschält und spiralisiert

Salz

Schwarzer Pfeffer, frisch gemahlen

¼ TL rote Paprikaflocken (optional)

Gehackte Frühlingszwiebeln, zum Anrichten (optional)

1. Knoblauch, Zwiebeln und grüne Paprika mit 1 EL Ghee in einer großen Pfanne bei mittlerer Temperatur 5 bis 7 Minuten braten, oder so lange, bis die Zwiebeln klar werden und die Paprika leicht weich geworden ist.
2. Süßkartoffelnudeln und den restlichen Esslöffel Ghee hinzugeben und gut miteinander verrühren. 10 bis 15 Minuten weiter braten lassen, dabei gelegentlich umrühren, bis die Süßkartoffelpuffer goldbraun sind und an den Rändern beginnen, knusprig zu werden. Mit Salz, Pfeffer und roten Paprikaflocken (wenn gewünscht) abschmecken.
3. Vom Herd nehmen und mit den Frühlingszwiebeln (wenn gewünscht) anrichten und direkt servieren.

PRO PORTION
Kalorien **548** / gesättigte Fettsäuren **18 g** / Fett gesamt **28 g** / Eiweiß **6 g** / Kohlenhydrate **69 g** / Ballaststoffe **11 g** / Natrium **305 mg**

Tipp Sie können dieses Rezept milchfrei machen, wenn Sie statt des Ghee Olivenöl oder Kokosöl verwenden.
Wenn Sie im Laden kein Ghee oder geklärte Butter bekommen, können Sie es wie folgt zuhause herstellen:

1. Ca. 500 g ungesalzene Bio-Butter (die in Stücke geschnitten sein sollte) bei mittlerer Temperatur in einem Topf mit schwerem Boden schmelzen lassen, dabei gelegentlich umrühren.

2. Wenn die Butter zu köcheln beginnt, die Temperatur auf mittel bis niedrig herunterstellen und die Butter 5 bis 6 Minuten köcheln lassen. An der Oberfläche sollte sich Schaum bilden, da das Milcheiweiß austritt und sich an den Seiten der Pfanne anlagert. Nach einer Weile setzt sich die Molke am Boden ab, und die Butter beginnt nochmals zu schäumen.

3. Zu diesem Zeitpunkt den Topf vom Herd nehmen, einige Minuten ruhen lassen und die geschmolzene Butter dann durch ein Passiertuch abseihen.

4. Die Reste entsorgen und die geklärte Butter in ein Glas geben und verschließen. Einige Stunden bei Zimmertemperatur abkühlen und fest werden lassen, danach im Kühlschrank aufbewahren.

Vegetarisches Nudel-Omelett

*5 ZUTATEN * MILCHFREI * KETOGEN * PALEO * VEGETARISCH*

Dieses einfache Omelett ist eine gute Wahl für einen hektischen Morgen an einem Werktag. Ich spiralisiere mein Gemüse lieber statt es zu schneiden, nicht nur weil das Essen der Spiralnudeln mehr Spaß macht, sondern auch weil es bei der Vorbereitung und beim Kochen schneller geht. Das Omelett ist das perfekte Frühstück, wenn Sie schnell aus dem Haus müssen, aber dennoch etwas Gesundes und Sättigendes essen möchten, bevor Sie gehen. Wenn Sie mögen, können Sie Schinken oder Frühstücksspeck dazugeben, aber Eier und Gemüse an sich sind ein sehr befriedigender (und vegetarischer) Start in den Tag.

2 PORTIONEN
VORBEREITUNGSZEIT 5 MINUTEN
KOCHZEIT 20 MINUTEN
MESSEREINSATZ D

½ Zwiebel, spiralisiert

1 Knoblauchzehe, gehackt

2 EL Olivenöl, aufgeteilt

1 mittelgroße Zucchini, spiralisiert

1 mittelgroße Möhre, spiralisiert

Salz

Schwarzer Pfeffer, frisch gemahlen

4 Eier, Größe L

PRO PORTION
Kalorien **304** / gesättigte Fettsäuren **5 g** / Fett gesamt **24 g** / Eiweiß **14 g** / Kohlenhydrate **10 g** / Ballaststoffe **3 g** / Natrium **250 mg**

1. Zwiebel und Knoblauch in 1 EL Olivenöl in einer großen antihaftbeschichteten Pfanne 3 Minuten braten.
2. Zucchini- und Möhrennudeln hinzugeben und gut verrühren. Weitere 4 bis 5 Minuten garen lassen, bis das Gemüse etwas weicher geworden ist. Mit Salz und Pfeffer würzen. Alles aus der Pfanne nehmen und beiseitestellen.
3. Eier in einer kleinen Schüssel verquirlen. ½ EL des restlichen Olivenöls in der Pfanne, in der das Gemüse zubereitet wurde, bei mittlerer Temperatur erhitzen. Die Hälfte der verquirlten Eier hineingießen und die Pfanne schwenken, damit die Eier sich gleichmäßig darin verteilen.
4. 2 bis 3 Minuten braten lassen, bis das Ei gestockt ist, dann wenden und die Hälfte der Zucchini- und Möhrennudeln daraufgeben. Mit Salz und Pfeffer würzen. Das Omelett zur Hälfte zusammenklappen und auf einen Teller geben. Mit dem verbleibenden ½ EL Olivenöl, dem restlichen Ei und Gemüse wiederholen.
5. Warm servieren.

Tipp Dieses Rezept wird ketogener, wenn Sie 60 g geriebenen Käse hinzugeben.

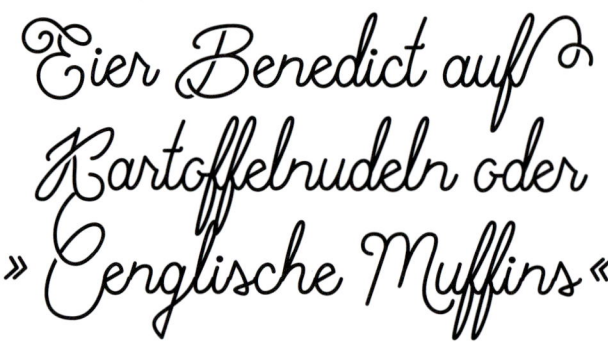

Eier Benedict auf Kartoffelnudeln oder »Englische Muffins«

PALEO

An meinem Rezept für hausgemachte Eier Benedict arbeite ich schon seit einigen Jahren und verändere es immer wieder, und jedes Mal werden sie ein bisschen besser. Wenn ich faul bin, verwende ich Tomatenscheiben als Basis. In diesem Rezept bilden Kartoffelnudeln den glutenfreien Ersatz für »englische Muffins«. Das schmeckt so gut, dass sich die zusätzliche Arbeit auf jeden Fall lohnt.

4 PORTIONEN
VORBEREITUNGSZEIT 10 MINUTEN
KOCHZEIT 20 MINUTEN
MESSEREINSATZ D

Für die Kartoffelnudel-
»englische Muffins«
2 EL Olivenöl

1 große mehlig kochende Kartoffel, spiralisiert

1 Ei, Größe L, geschlagen

Salz

Schwarzer Pfeffer, frisch gemahlen

Für die Eier und die Sauce Hollandaise
1 Spritzer weißer Essig

8 ganze Eier, Größe L, plus 4 große Eigelb für die Sauce Hollandaise

2 EL Olivenöl

4 dicke Scheiben Schinken oder Frühstücksspeck

1 EL Zitronensaft, frisch gepresst

8 EL ungesalzene Bio-Butter, geschmolzen

¼ TL Cayennepfeffer

1 Prise Salz

Schwarzer Pfeffer, frisch gemahlen

PRO PORTION
Kalorien **598** / gesättigte Fettsäuren **22 g** / Fett gesamt **54 g** / Eiweiß **22 g** / Kohlenhydrate **9 g** / Ballaststoffe **1 g** / Natrium **754 mg**

Zubereitung der Kartoffelnudel-»englische Muffins«

1. Das Olivenöl in einer großen Pfanne bei mittlerer Temperatur erhitzen. Die Kartoffelnudeln 4–5 Minuten darin dünsten, bis sie weich sind. Dann in eine mittelgroße Schüssel geben, etwas abkühlen lassen und das Ei unterrühren. Mit Salz und Pfeffer würzen.

2. Die Mischung in 4 Speiseringe oder Ausstechformen (ca. 10 oder 12 cm Durchmesser) geben, sanft festdrücken, um sie zusammenzupressen. Einige Minuten zum Festwerden in den Kühlschrank geben.

Zubereitung der Eier und der Sauce Hollandaise

1. Während die »Muffins« fest werden, einen großen Topf mit Wasser zum Köcheln bringen. Den Essig hineingeben.

2. 1 Ei in eine kleine Schüssel schlagen. Mit einem großen Löffel das Wasser so rühren, dass ein Strudel entsteht. Das Ei vorsichtig ins Wasser gleiten lassen und die Strudelbewegung mit dem Löffel beibehalten, ohne das Ei zu berühren. 1 bis 2 Minuten kochen lassen, bis das Eiweiß gestockt ist. Das Ei vorsichtig mit einem Schaumlöffel aus dem Wasser nehmen und auf Küchenpapier legen. Mit den restlichen 7 Eiern wiederholen.

3. Die »Muffins« aus dem Kühlschrank nehmen. In einer großen Pfanne das Olivenöl bei mittlerer Temperatur erhitzen und die Muffins darin 3 bis 4 Minuten auf jeder Seite anbraten, bis sie leicht gebräunt sind. Vom Herd nehmen und zur Seite stellen.

4. Den Schinken in der Pfanne, in der die Kartoffeln gebraten wurden, bei mittlerer Temperatur ca. 2 Minuten braten, bis er durchgewärmt ist.

5. Für die Sauce Hollandaise die Eigelbe und den Zitronensaft in einem hitzebeständigen Gefäß schnell und kräftig miteinander verquirlen, bis die Mischung schaumig wird und sich vergrößert. Das Gefäß über einen Topf mit kochendem Wasser geben (die Schüssel sollte das Wasser nicht berühren) und weiter rühren. Während des Rührens langsam die geschmolzene Butter hinzugießen und so lange weiter rühren, bis sich die Sauce verdoppelt hat.

6. Vom Herd nehmen, Cayennepfeffer und Salz einrühren und mit Pfeffer abschmecken. Sofort servieren oder bis zum Servieren warm halten.

7. Zum Anrichten der Eier Benedict die Kartoffelnudel-Muffins auf einen Teller legen, darauf jeweils eine Scheibe Schinken geben, ein pochiertes Ei darauflegen und mit Sauce Hollandaise übergießen.

Tipp Wenn Sie den Dreh raus haben, können Sie mehrere Eier gleichzeitig pochieren – lassen Sie dann einfach etwas Platz zwischen den Eiern, wenn Sie sie ins Wasser geben.
Das Rezept wird ketogen, wenn Sie die Kartoffelnudel-Muffins weglassen und stattdessen eine Handvoll Spinat verwenden.

Ei, Schinken und Käse auf Blumenkohlbrot

Für dieses Blumenkohlbrot muss man sich ein paar Minuten Zeit nehmen, ich habe es aber immer vorrätig, weil es so ein toller Ersatz für normales Brot ist und ich sehr gerne Sandwiches esse. Bereiten Sie doch einfach die doppelte Menge zu und heben Sie die Hälfte auf, die Sie dann morgens, wenn es hektisch ist, einfach aufwärmen können. Ich mache dieses Sandwich mit Ei, Schinken und Käse vor allem am Wochenende und finde es super, dass es glutenfrei ist und ohne Getreide auskommt. Für eine Paleo-Ernährung oder wenn Sie keine Milchprodukte vertragen, können Sie den Käse einfach weglassen.

2 PORTIONEN
VORBEREITUNGSZEIT 10 MINUTEN
KOCHZEIT 20 MINUTEN

Für das Blumenkohlbrot
1 Kopf Blumenkohl
3 Eier, Größe L
1 Schalotte, gehackt
1 TL getrockneter Oregano
1 TL frischer Schnittlauch, gehackt
1 TL frische Petersilie, gehackt
3 Knoblauchzehen, gehackt
1 TL Salz
Schwarzer Pfeffer, frisch gemahlen

Für die Sandwiches
2 Eier, Größe L
½ EL Bio-Butter
2 Scheiben Cheddar
4 Scheiben Kochschinken
Salz
Schwarzer Pfeffer, frisch gemahlen

PRO PORTION
Kalorien **569** / gesättigte Fettsäuren **17 g** / Fett gesamt **41 g** / Eiweiß **40 g** / Kohlenhydrate **12 g** / Ballaststoffe **4 g** / Natrium 2.**451 mg**

Zubereitung des Blumenkohlbrots

1. Den Backofen auf 180 °C vorheizen.

2. Den Blumenkohl in der Küchenmaschine so lange zerkleinern, bis die Stücke aussehen wie Reiskörner. In eine mikrowellengeeignete Schüssel geben und auf höchster Stufe in der Mikrowelle 2 Minuten garen. Einige Minuten abkühlen lassen, dann in einem Passier- oder Seihtuch auswringen, um die Flüssigkeit auszupressen (es wird nicht viel heraus kommen, doch das Wenige muss herausgedrückt werden). Wenn Sie keine Küchenmaschine haben, können Sie den Blumenkohl auch auf einer Turmreibe reiben.

3. Den Blumenkohl in eine mittelgroße Schüssel geben. Die Eier in einer kleinen Schüssel verquirlen, Schalotten, Oregano, Schnittlauch, Petersilie, Knoblauch, Salz und einige Umdrehungen Pfeffer hineinrühren. Die Mischung über den Blumenkohl gießen und gut miteinander verrühren.

4. Ein Backblech mit Backpapier oder Alufolie auslegen. Die Blumenkohl-Mischung in vier gleichmäßigen Teilen daraufgeben, zwischen den einzelnen Teilen etwas Platz lassen, diese dann jeweils so verteilen, bis sie gut 0,5 cm hoch sind. 10 Minuten backen, dann wenden und weitere 7 Minuten backen.

5. Aus dem Ofen nehmen und etwas abkühlen lassen.

Zubereitung der Sandwiches

1. Die Eier in einer kleinen Schüssel verquirlen.

2. Die Butter in einer großen antihaftbeschichteten Pfanne bei mittlerer Temperatur schmelzen lassen. Die Eier hin geben und mit einem hitzebeständigen Spatel so verteilen, dass eine gleichmäßige Schicht entsteht, dann 2 Minuten braten lassen oder so lange, bis sie gestockt sind. Die Temperatur auf niedrige Stufe reduzieren und die Eier in der Pfanne in zwei Teile teilen. Jedes Teil wenden und mit einer Scheibe Käse belegen.

3. Die Sandwiches anrichten: Zwei Scheiben Blumenkohlbrot mit je einem Käse-Ei und 2 Scheiben Schinken belegen. Mit Salz und Pfeffer würzen, darauf jeweils eine weitere Scheibe Blumenkohlbrot geben. Direkt servieren.

Tipp Backen Sie die doppelte Menge Brot und heben sie im Kühlschrank auf. Zum Erhitzen kurz im Ofen grillen oder im Toaster erwärmen. Dieses Gericht machen Sie in unter 30 Minuten, wenn Sie multitasken. Geben Sie das Blumenkohlbrot in den Ofen und bereiten Sie die Eier zu, während es backt. Wenn Sie keine Mikrowelle haben, garen Sie den Blumenkohl-Reis einige Minuten in einer ungefetteten, antihaftbeschichteten Pfanne und fahren dann mit dem Rezept fort.

Ofeneier in Süßkartoffelnudel-Nest

5 ZUTATEN ✦ ONE-POT ✦ MILCHFREI ✦ PALEO ✦ VEGETARISCH

Ofeneier gehören zu meinen Lieblingsrezepten für Frühstück und Brunch, weil sie originell und dennoch leicht zu machen sind. Wenn ich Gäste habe oder einfach am Wochenende ein schönes Frühstück genießen möchte, schlage ich gerne ein paar Eier mit etwas Sahne in eine Auflaufform und backe sie sanft, bis das Eiweiß gestockt ist. Dieses Rezept kann man sehr leicht in großen Mengen zubereiten, weil eine Muffinform verwendet wird. Ich habe hier noch Süßkartoffel-»Nester« hinzugefügt, die jedes Ei umschließen und das Gericht reichhaltiger machen.

2 BIS 4 PORTIONEN
VORBEREITUNGSZEIT 5 MINUTEN
KOCHZEIT 20 MINUTEN
MESSEREINSATZ D

1 große Süßkartoffel, geschält und spiralisiert
1 EL Olivenöl
Salz
Schwarzer Pfeffer, frisch gemahlen
4 Eier, Größe L

PRO PORTION
Kalorien 259 / gesättigte
Fettsäuren 4 g / Fett
gesamt 17 g / Eiweiß 14 g /
Kohlenhydrate 14 g /
Ballaststoffe 2 g /
Natrium 253 mg

1. Den Backofen auf 200 °C vorheizen.

2. Die Süßkartoffelnudeln mit dem Olivenöl in einer großen Schüssel vermischen und mit Salz und Pfeffer würzen.

3. Die Süßkartoffelmasse in vier Teile aufteilen und in vier Förmchen einer Muffinform pressen. 5 Minuten lang backen.

4. Die Ofentemperatur auf 190 °C reduzieren. In jedes Süßkartoffel-„Nest" ein Ei schlagen und dies mit Salz und Pfeffer würzen. Weitere 10 bis 15 Minuten backen, bis die Nudeln weich sind und die Eier nicht mehr zerlaufen (oder bis zu der Konsistenz, die Sie wünschen).

5. Aus dem Ofen nehmen und vor dem Servieren etwas abkühlen lassen.

Tipp Wenn Sie Ihr Frühstück fleischhaltiger mögen, geben Sie zu jedem Ei etwas gehackten Frühstücksspeck. Dies erhöht auch die Fettzufuhr und ist somit besser für eine ketogene Ernährung geeignet.

Spiralisiertes Bauernfrühstück

5 ZUTATEN ✳ MILCHFREI ✳ PALEO

Dieses Bauernfrühstück enthält einige meiner Leibspeisen: Eier und Kartoffeln, und außerdem liebe ich generell ein deftiges Frühstück. Dank der Kartoffelnudeln hat sich meine Kochweise enorm geändert, weil sie so schnell gehen. Von diesem köstlichen Frühstück kann man leicht eine größere Menge zubereiten und die Reste für den nächsten Tag aufheben (wenn denn Reste übrig bleiben!).

2 PORTIONEN
VORBEREITUNGSZEIT 5 MINUTEN
KOCHZEIT 25 MINUTEN
MESSEREINSATZ C

170–225 g Frühstücksspeck oder Pancetta, gewürfelt

1 Zwiebel, spiralisiert

1 große Kartoffel, spiralisiert

½ rote oder grüne Paprikaschote, spiralisiert

4 Eier, Größe L

Salz

Schwarzer Pfeffer, frisch gemahlen

PRO PORTION
Kalorien 704 / gesättigte Fettsäuren 18 g / Fett gesamt 55 g / Eiweiß 29 g / Kohlenhydrate 24 g / Ballaststoffe 4 g / Natrium 968 mg

1. Den gewürfelten Speck in einer großen antihaft-beschichteten Pfanne bei mittlerer Temperatur ca. 5 Minuten braten, bis er leicht gebräunt ist und etwas Fett abgibt.

2. Die Zwiebel hinzugeben und 2 bis 3 Minuten braten lassen, oder bis sie etwas weich geworden ist. Dann die Kartoffel- und Paprikanudeln mit dazugeben und weitere 10 bis 12 Minuten garen, bis sie zart sind, dabei gelegentlich umrühren.

3. Während die Kartoffeln garen, die Eier in einer kleinen Schüssel verquirlen. (Dieser Schritt kann ausgelassen werden, wenn die Eier als Spiegel- statt als Rührreier zubereitet werden sollen.) Die Eier in die Pfanne geben und 3 bis 4 Minuten unter Rühren braten, bis sie gestockt sind, dabei mit dem spiralisierten Gemüse vermischen. (Für Spiegeleier die Kartoffelmasse aus der Pfanne nehmen, die Eier braten und dann über den Kartoffeln servieren.)

4. Mit Salz und Pfeffer würzen und direkt servieren.

Tipp Dieses Gericht wird vegetarisch, wenn Sie den Speck bzw. Pancetta weglassen und stattdessen 2 EL Olivenöl oder Butter statt des Schinkenfetts verwenden.

Süßkartoffelnudel-Frühstücksschüssel

ONE-POT • PALEO

Wenn Sie es sich angewöhnen, jede Woche etwas Gemüse im Voraus zu spiralisieren (und vielleicht vorzugaren), haben Sie dieses Süßkartoffelgericht im Nullkommanichts zubereitet – füllen Sie einfach die Nudeln in eine Schüssel, geben Ihr Lieblingsgemüse darüber, dazu noch Eier und vielleicht Speck oder Würstchen und etwas Käse oder scharfe Soße. So haben Sie in wenigen Minuten ein Frühstück, das schnell und einfach zubereitet ist, sättigt und köstlich schmeckt.

2 PORTIONEN
VORBEREITUNGSZEIT 5 MINUTEN
KOCHZEIT 15 MINUTEN
MESSEREINSATZ C

2 EL Bio-Butter, plus mehr zum Braten der Eier

½ Zwiebel, spiralisiert oder gehackt

1 Knoblauchzehe, fein gehackt

2 große Süßkartoffeln, geschält und spiralisiert

Salz

Schwarzer Pfeffer, frisch gemahlen

4 Eier, Größe L

30 g frischer Spinat

2 – 4 Scheiben Kochschinken, gewürfelt

60 g geriebener Cheddar

PRO PORTION
Kalorien **693** / gesättigte
Fettsäuren **22 g** / Fett
gesamt **47 g** / Eiweiß **37 g** /
Kohlenhydrate **32 g** /
Ballaststoffe **5 g** /
Natrium **1.437 mg**

1. Die Butter in einer großen, antihaftbeschichteten Pfanne schmelzen. Zwiebel und Knoblauch hineingeben und ca. 3 Minuten braten, dabei gelegentlich umrühren.

2 Süßkartoffelnudeln hinzugeben und weitere 5 bis 7 Minuten dünsten, oder so lange, bis sie durchgegart sind. Mit Salz und Pfeffer würzen und vom Herd nehmen. Die Süßkartoffelnudeln auf zwei Schüsseln verteilen und warm halten.

3. Die Pfanne wieder auf den Herd stellen und etwas zusätzliche Butter hineingeben. Die Eier darin nach Wunsch zubereiten. Für Rühreier: Die Eier vorher in einer Schüssel verquirlen und bei mittlerer Temperatur unter gelegentlichem Rühren 4 bis 5 Minuten, oder bis sie gestockt sind, braten. Spiegeleier 2 bis 3 Minuten auf einer Seite braten, dann wenden und die andere Seite ca. 1 Minute braten (ich mag meine etwas durchgegarter).

4. Die Frühstücksschüsseln anrichten: Kartoffelnudeln hineingeben und darüber Spinat, Speck, Eier und Cheddar geben. Direkt servieren.

Tipp Dieses Rezept wird ketogen, wenn Sie anstelle der Süßkartoffeln Zucchini oder Sommerkürbis verwenden und auf jede Schüssel ½ kleingeschnittene Avocado geben. Wenn Sie den Spinat etwas andünsten möchten, geben Sie ihn ca. 1 Minute vor Ende der Garzeit zu den Süßkartoffelnudeln mit in die Pfanne.

Vegetarische Eier-Muffins

5 ZUTATEN ✳ MILCHFREI ✳ PALEO ✳ VEGETARISCH

Diese Eier-Muffins sind perfekt vorzubereiten – Sie können sonntagabends eine Form davon zubereiten und für den Rest der Woche zum Frühstück essen. Ich mache sie oft, wenn ich ohnehin gerade koche, sodass ich, wenn alles fertig ist, das Gericht genießen kann, das ich gerade vorbereite und zusätzlich eine Ladung Eier-Muffins fürs Frühstück und zum Snacken habe.

ERGIBT 12 MUFFINS
VORBEREITUNGSZEIT 5 MINUTEN
BACKZEIT 25 MINUTEN
MESSEREINSATZ D

1 EL Olivenöl, plus etwas zum Einfetten der Form

1 rote Zwiebel, spiralisiert

1 grüne Paprikaschote, spiralisiert

½ Zucchini, spiralisiert

1 Knoblauchzehe, fein gehackt

9 Eier, Größe L, verquirlt

PRO PORTION
Kalorien 70 / gesättigte Fettsäuren 1 g / Fett gesamt 5 g / Eiweiß 5 g / Kohlenhydrate 2 g / Ballaststoffe 0 g / Natrium 54 mg

1. Den Backofen auf 180 °C vorheizen.

2. Olivenöl in einer großen Pfanne bei mittlerer Temperatur erhitzen. Zwiebel, Paprikaschote und Zucchininudeln darin mit dem Knoblauch 2 bis 3 Minuten braten, oder so lange, bis alles zart ist. Vom Herd nehmen.

3. Eine Muffinform mit dem Olivenöl leicht einfetten.

4. Je ein Ei in ein Muffinförmchen geben und darüber das gedünstete Gemüse gleichmäßig verteilen.

5. 22 Minuten lang backen, oder so lange, bis die Eier gestockt sind, dann servieren.

Tipp Das Rezept wird ketogen, wenn Sie 60 g geriebenen Käse zu der Eiermischung geben und vor dem Servieren auf jeden Muffin eine Avocadoscheibe legen.

Frühstücksfrittata mit spiralisierter Kartoffelkruste

ONE-POT ✦ MILCHFREI ✦ PALEO

Wenn ich im Kühlschrank eine Reihe von Zutaten habe, für die ich keinen Essensplan habe, mache ich oft eine Frühstücksfrittata – ich werfe die Zutaten mit etwas Butter oder Olivenöl in eine Pfanne, gebe Eier dazu, vielleicht noch etwas Käse, und heraus kommt immer ein schmackhaftes Frühstück, das jeder mag. Dieses Mal habe ich noch spiralisierte Kartoffeln verwendet, um eine schöne Kruste zu erhalten, und ich glaube kaum, dass ich sie jemals wieder anders zubereiten werde! Für dieses Rezept braucht man etwas mehr als 30 Minuten, aber die zusätzliche Zeit lohnt sich auf jeden Fall.

4 PORTIONEN
VORBEREITUNGSZEIT 5 MINUTEN
KOCHZEIT 40 MINUTEN
MESSEREINSATZ D

3 EL Olivenöl

¼ Zwiebel, gehackt

1 Knoblauchzehe, fein gehackt

1 große Kartoffel, spiralisiert

140 g Wurstbrät

Salz

Schwarzer Pfeffer, frisch gemahlen

6 Eier, Größe L, verquirlt

2 EL Frühlingszwiebeln, gehackt, zum Anrichten

1. Den Backofen auf 190 °C vorheizen.

2. Das Olivenöl in einer großen ofenfesten Pfanne bei mittlerer Temperatur erhitzen. Zwiebel und Knoblauch darin dünsten, bis die Zwiebel glasig ist, 5 bis 7 Minuten. Kartoffelnudeln hinzugeben und weitere 4 bis 5 Minuten garen, bis sie weich sind.

3. Das Wurstbrät in die Pfanne geben und so lange braten, bis nichts mehr rosa ist, ca. 6 Minuten, dabei umrühren und zerteilen. Mit Salz und Pfeffer würzen. Alle Zutaten in der Pfanne gut miteinander verrühren, dann die Eier darüber geben und die Pfanne in den Ofen schieben.

4. 15 bis 20 Minuten backen, oder so lange, bis die Eier gestockt sind. In Stücke schneiden, mit den Frühlingszwiebeln bestreuen und noch warm servieren.

Tipp Ohne die Kartoffelkruste wird das Rezept ketogen.

PRO PORTION
Kalorien **316** / gesättigte Fettsäuren **6 g** / Fett gesamt **25 g** / Eiweiß **16 g** / Kohlenhydrate **9 g** / Ballaststoffe **2 g** / Natrium **325 mg**

SUPPEN, SALATE & SANDWICHES

Suppen und Salate eignen sich hervorragend dazu, Gemüsenudeln in den Speiseplan aufzunehmen. Bei Sandwiches ist das nicht unbedingt der Fall, doch in diesem Kapitel finden Sie zahlreiche leckere Rezepte für Mittag- und Abendessen aus diesen drei Kategorien. Sie werden neue Ideen bekommen und alte Favoriten entdecken – angefangen bei dampfenden Ramen-Schüsseln, über Klassiker wie Nudelsuppe, bis zu schnellen Rohkost-Salaten und einigen leckeren Sandwich-Vorschlägen. Ich hoffe, dass Sie die nächsten Seiten dazu inspirieren werden, beim Kochen selbst auch kreativ zu werden.

Hühner-Zoodle-Suppe

Dieses Rezept ist eine Variante meiner Lieblingshühnersuppe, die in 30 Minuten oder schneller zubereitet werden kann. Ich mache, wenn ich die Zeit habe, gerne eine richtige Hühnersuppe, aber mal ehrlich – es dauert fast einen ganzen Tag, um eine Knochenbrühe zu kochen, und dafür fehlt oft die Zeit. Knoblauch, Sellerie, Zwiebeln und Möhren in Olivenöl gebraten verleihen einer gekauften Hühnerbrühe einen guten Geschmack, sodass diese Suppe fast genauso lecker wie eine selbstgemachte Brühe ist, aber sehr viel schneller geht.

4 BIS 6 PORTIONEN
VORBEREITUNGSZEIT 5 MINUTEN
KOCHZEIT 20 MINUTEN
MESSEREINSATZ B

1 EL Olivenöl

1 ½ Zwiebeln, spiralisiert

2 Knoblauchzehen, fein gehackt

3 Möhren, spiralisiert

½ Kopf Sellerie, spiralisiert (er wird eher wie gehackt aussehen, man bekommt keine Nudeln, was aber in Ordnung ist)

Salz

Schwarzer Pfeffer, frisch gemahlen

2 l fertige Hühnerbrühe oder Geflügelfond

225 – 280 g kleingeschnittene Hühnerbrust oder -schenkel

2 mittelgroße Zucchini, spiralisiert

1. Das Olivenöl in einem großen Suppentopf bei mittlerer Temperatur erhitzen. Zwiebel, Knoblauch, Möhren und Sellerie darin 2 bis 3 Minuten dünsten, bis das Gemüse etwas weicher geworden ist, dabei gelegentlich umrühren. Mit Salz und Pfeffer würzen.
2. Die Hühnerbrühe in den Topf gießen und leicht zum Köcheln bringen. Das Hühnerfleisch dazugeben und so lange köcheln lassen, bis es durchgegart ist, 5 bis 7 Minuten. Weitere 10 Minuten simmern lassen und ca. 1 bis 2 Minuten vor Ende der Kochzeit die Zucchininudeln hinzugeben (oder einfach direkt nach Ausschalten des Herds – sie müssen in der heißen Suppe nur kurz weich werden).
3. In Schüsseln füllen und servieren.

Tipp Dieses Suppe wird vegetarisch, wenn Sie das Hühnerfleisch weglassen und statt der Hühnerbrühe Gemüsebrühe verwenden.

PRO PORTION
Kalorien **256** / gesättigte Fettsäuren **1 g** / Fett gesamt **8 g** / Eiweiß **28 g** / Kohlenhydrate **17 g** / Ballaststoffe **5 g** / Natrium **1.732 mg**

Möhrennudel-Ramen

MILCHFREI ✦ PALEO

Ich bin ein großer Fan von Ramen (wie von den meisten Suppen) und habe dieses Rezept immer mit Zucchininudeln zubereitet, dann aber festgestellt, dass Möhrennudeln mir darin noch besser schmecken. Sie halten sich in der Brühe besser und bleiben knackig, was ich sehr mag. Außerdem passen dünn geschnittene Möhren gut zur asiatischen Küche und verleihen der Suppe sowohl Geschmack als auch eine gute Textur.

4 PORTIONEN
VORBEREITUNGSZEIT 10 MINUTEN
KOCHZEIT 20 MINUTEN
MESSEREINSATZ D

1,5–2 l Hühner- oder Rinderbrühe

1 ½ Bund Frühlingszwiebeln, plus mehr zum Garnieren (wenn gewünscht)

55 g frischer Ingwer, geschält, dünn geschnitten

4 Knoblauchzehen, fein gehackt

Toppings (optional): gehacktes weich gekochtes Ei, Kimchi, gehackte Jalapeños, gehackte Frühlingszwiebeln, gehackter frischer Koriander

5 EL Coconut Aminos (oder glutenfreie Sojasoße)

2 EL Sake (bei strikter Paleo-Ernährung weglassen)

1 ½ EL Sesamöl

500 g Schweinefilet, gegart, in dünne Streifen geschnitten

500 g Möhren, spiralisiert

1. Die Brühe bei mittlerer Temperatur in einem großen Suppentopf erwärmen. Frühlingszwiebeln, Ingwer und Knoblauch hinzugeben. Zum Kochen bringen, dann die Hitze reduzieren und 10 bis 15 Minuten köcheln lassen.
2. Während die Suppe kocht, die Toppings vorbereiten: Eier weich kochen (ca. 6 Minuten in kochendem Wasser kochen), Jalapeños, Frühlingszwiebeln und/oder Koriander hacken.
3. Coconut Aminos, Sake (wenn verwendet) und Sesamöl in die Brühe gießen. Das geschnittene Fleisch und die Möhrennudeln dazugeben und weitere 5 bis 7 Minuten köcheln lassen.
4. In Schüsseln füllen, die Toppings daraufgeben und heiß servieren.

Tipp Vegetarisches Ramen bereiten Sie zu, indem Sie das Schweinefilet weglassen und Gemüse- statt Fleischbrühe verwenden. Für eine vegane Variante lassen Sie zusätzlich das weich gekochte Ei weg.

PRO PORTION
Kalorien **370** / gesättigte
Fettsäuren **3 g** / Fett
gesamt **12 g** / Eiweiß **41 g** /
Kohlenhydrate **21 g** /
Ballaststoffe **4 g** /
Natrium **1.696 mg**

Tortillasuppe mit Süßkartoffelnudeln

Meine Familie liebt Tortillasuppe über alles – ein Restaurant in der Bay Area macht unsere Lieblingssuppe, und wir halten dort immer an, wenn wir zusammen unterwegs sind, um zu Mittag oder zu Abend zu essen. Ich habe eine Paleo-Version entwickelt, in der Süßkartoffelnudeln die Tortillastreifen ersetzen, damit die Suppe getreidefrei ist. Die würzige Brühe in Kombination mit der cremigen Avocado und der frischen Limette ist so köstlich, dass ich die Tortillachips gar nicht vermisse!

4 PORTIONEN
VORBEREITUNGSZEIT 5 MINUTEN
KOCHZEIT 20 MINUTEN
MESSEREINSATZ B

2 EL Olivenöl

1 Zwiebel, gehackt oder spiralisiert und dann grob gehackt

4 Knoblauchzehen, fein gehackt

2 große Süßkartoffeln, geschält und spiralisiert

1,5 l Hühnerbrühe

2 Dosen (à 425 ml) passierte Tomaten (ohne Zuckerzusatz)

1 EL Paprikapulver

2 TL Kreuzkümmel, gemahlen

1 TL Chilipulver

¼ TL Cayennepfeffer

2 Lorbeerblätter

Salz

Schwarzer Pfeffer, frisch gemahlen

500 g Hühnerbrust ohne Knochen, gewürfelt

115 g geriebener Cheddar

1 oder 2 Avocados, geviertelt oder gewürfelt

5 g frischer Koriander, gehackt, zum Garnieren

Limettenspalten, zum Anrichten

PRO PORTION
Kalorien **747** / gesättigte Fettsäuren **13 g** / Fett gesamt **42 g** / Eiweiß **49 g** / Kohlenhydrate **47 g** / Ballaststoffe **18 g** / Natrium **2.292 mg**

1. Olivenöl bei mittlerer Temperatur in einem großen Suppentopf erhitzen. Zwiebel und Knoblauch darin 2 bis 3 Minuten dünsten, oder so lange, bis der Knoblauch duftet und die Zwiebel etwas weich wird, dann die Süßkartoffelnudeln hinzugeben. 5 bis 7 Minuten garen, dabei gelegentlich umrühren. Vom Herd nehmen und alles in eine große Schüssel umfüllen.

2. Den Topf wieder auf die Platte stellen und die Hühnerbrühe, Tomaten, Paprikapulver, Kreuzkümmel, Cayennepfeffer und Lorbeerblätter hineingeben. Mit Salz und Pfeffer würzen. Zum Kochen bringen, dann die Hitze reduzieren und köcheln lassen. Wenn gewünscht, die Suppe mit einem Pürierstab pürieren, bis sie cremig ist (vorher die Lorbeerblätter entfernen).

3. Das Hühnerfleisch hineingeben und so lange köcheln lassen, bis es gar ist, ca. 3 bis 5 Minuten. Wenn noch nicht geschehen, jetzt die Lorbeerblätter entfernen.

4. Die Suppe in Schüsseln füllen und mit den Süßkartoffelnudeln anrichten, darauf Cheddar und Avocado geben. Großzügig mit Koriander bestreuen und eine Limettenspalte darauflegen, dann servieren.

Tipp Diese Suppe wird vegetarisch, wenn Sie gewürfelten Tofu und Gemüsebrühe statt des Hühnerfleischs und der Hühnerbrühe verwenden (Sie können das Protein auch ganz weglassen).

Thailändische Nudelsuppe

Diese Nudelsuppe voller Gemüse ist genau das Richtige für einen kalten Tag. Ich liebe asiatische Aromen, weswegen ich oft solche schnellen thailändischen Gerichte wie dieses mache. Das komplette Gemüse (bis auf die Pilze) wird hier spiralisiert, so hat man mehr Nudeln und weniger Vorbereitungszeit und kann diese warme, wohltuende Suppe schneller genießen.

4 PORTIONEN
VORBEREITUNGSZEIT 10 MINUTEN
KOCHZEIT 20 MINUTEN
MESSEREINSATZ C

1 EL Olivenöl

2 Möhren, spiralisiert

1 Zwiebel, spiralisiert

2 Knoblauchzehen, fein gehackt

1 EL frischer Ingwer, fein gehackt

140–170 g Shiitake-Pilze, geputzt und in dünne Scheiben geschnitten

Salz

Schwarzer Pfeffer, frisch gemahlen

1–1,5 l Gemüsebrühe

2 EL glutenfreie Sojasoße

Saft von 1 Limette, plus Limettenspalten zum Anrichten

1 große Zucchini, spiralisiert

½ Jalapeño, entstielt, Samenstränge entfernt, dünn in Scheiben geschnitten

10 g frischer Koriander, gehackt, zum Anrichten

1. Olivenöl bei mittlerer Temperatur in einem großen Suppentopf erhitzen. Möhrennudeln, Zwiebel, Knoblauch und Ingwer 3 Minuten lang darin dünsten.

2. Die Pilze hinzugeben und gut unterrühren. Mit Salz und Pfeffer würzen.

3. Die Gemüsebrühe in den Topf gießen und zum Köcheln bringen. 10 Minuten simmern lassen, dann die Sojasoße und den Limettensaft zugeben.

4. Die Zucchininudeln und Jalapeños dazugeben und ca. 2 bis 3 Minuten mitkochen lassen, bis die Nudeln weich sind.

5. In Suppenschüsseln füllen, mit Koriander und einer Limettenspalte anrichten und heiß servieren.

Tipp Wenn Sie Fleisch essen, können Sie diese Suppe paleofreundlich abändern (und mehr Protein hinzugeben), indem Sie Rinderbrühe verwenden und ca. 500 g in dünne Streifen geschnittenes Steakfleisch mit den Pilzen in den Topf geben. Bei strikter Paleo-Ernährung nehmen Sie bitte Coconut Aminos anstelle der Sojasoße.

PRO PORTION
Kalorien **149** / gesättigte Fettsäuren **1 g** / Fett gesamt **6 g** / Eiweiß **11 g** / Kohlenhydrate **15 g** / Ballaststoffe **4 g** / Natrium **1.686 mg**

»Tortellini«-Wurst-Suppe

ONE-POT ✴ MILCHFREI ✴ PALEO

In diese würzige Wurst-Suppe kommt spiralisierter Sommerkürbis statt der traditionellen Tortellini – da es ein Paleo-Rezept ist, wird kein Käse verwendet. Die Bandnudeln machen es wett, dass keine Tortellini enthalten sind, und mit der Rinderbrühe, der scharfen Wurst und ein wenig Rotwein wird diese Suppe zu einem unglaublich befriedigendem Essen, das perfekt für einen kalten Winterabend geeignet ist.

4 PORTIONEN
VORBEREITUNGSZEIT 5 MINUTEN
KOCHZEIT 25 MINUTEN
MESSEREINSATZ A

1 EL Olivenöl

1 Zwiebel, mit Klinge D spiralisiert oder in Würfel geschnitten

1 oder 2 Knoblauchzehen, fein gehackt

500 g Salsiccia, Pelle entfernt

1 l Rinderbrühe

1 Tube (200 g) Tomatenmark

120 ml Rotwein (bei strikter Paleo-Ernährung optional)

¼ TL getrockneter Oregano

Salz

Schwarzer Pfeffer, frisch gemahlen

3 oder 4 mittelgroße Sommerkürbisse, spiralisiert und in kurze Stücke geschnitten

6 g frisches Basilikum, gehackt, zum Anrichten

1. Olivenöl bei mittlerer Temperatur in einem großen Suppentopf erhitzen. Zwiebel und Knoblauch 3 Minuten lang darin dünsten. Die Wurst zugeben und 4 bis 5 Minuten bräunen lassen, dabei mit einem Holzlöffel zerkleinern.

2. Die Rinderbrühe und das Tomatenmark hinzugeben und alles gut miteinander verrühren. Den Wein und Oregano dazugeben. Mit Salz und Pfeffer würzen und 10 bis 15 Minuten lang sanft köcheln lassen. Ca. 3 Minuten vor Ende der Kochzeit den Sommerkürbis in die Suppe geben.

3. In Suppenschüsseln füllen und mit frischem Basilikum garnieren. Sofort genießen.

Tipp Wenn Sie Milchprodukte vertragen, können Sie diese Suppe mit etwas frisch geriebenem Parmesan verfeinern.

PRO PORTION
Kalorien 564 / gesättigte Fettsäuren 14 g / Fett gesamt 41 g / Eiweiß 26 g / Kohlenhydrate 20 g / Ballaststoffe 5 g / Natrium 1.692 mg

Pasta e fagioli

»Pasta e fagioli« bedeutet »Pasta und Bohnen« auf Italienisch und ist ein sättigendes und aromatisches vegetarisches Gericht, das in maximal 30 Minuten zubereitet werden kann, wenn Sie gekaufte Brühe und Bohnen aus der Dose verwenden. Ich habe die Makkaroni beziehungsweise die kleinen Muschelnudeln, die normalerweise in dieser Suppe zu finden sind, durch spiralisierte und zerkleinerte Butternusskürbisnudeln ersetzt. Mit etwas darüber geriebenem Parmesan schmeckt die Suppe noch besser.

4 PORTIONEN
VORBEREITUNGSZEIT 5 MINUTEN
KOCHZEIT 25 MINUTEN
MESSEREINSATZ B

1 EL Olivenöl

1 Zwiebel, gehackt oder spiralisiert

1 Knoblauchzehe, fein gehackt

1 Butternusskürbis, spiralisiert und in Makkaroni-Form geschnitten

1 l Gemüsebrühe

800 ml passierte Tomaten (ohne Zuckerzusatz)

¼ TL rote Paprikaflocken

Salz

Schwarzer Pfeffer, frisch gemahlen

1 Dose (à 400 g) Wachtelbohnen, abgespült und abgetropft

50 g Parmesan, gerieben, zum Anrichten

2 EL frische Petersilie, gehackt, zum Anrichten

1. Olivenöl bei mittlerer Temperatur in einem großen Suppentopf erhitzen. Zwiebel und Knoblauch 2 bis 3 Minuten lang darin dünsten, oder so lange, bis der Knoblauch duftet und die Zwiebel etwas weich wird. Die Butternusskürbisnudeln dazugeben und weitere 3 bis 4 Minuten dünsten.

2. Gemüsebrühe und Tomaten in den Topf geben und sanft zum Köcheln bringen. Rote Paprikaflocken hinzufügen und mit Salz und Pfeffer würzen. 10 Minuten simmern lassen.

3. Die Bohnen zur Suppe geben und vorsichtig unterrühren. So lange köcheln lassen, bis die Bohnen vollständig erhitzt sind, ca. 5 bis 10 Minuten.

4. In Schüsseln füllen, mit Parmesan und gehackter Petersilie bestreuen. Heiß servieren.

Tipp Diese Suppe wird Paleo, wenn Sie statt der Bohnen 500 g Salsiccia verwenden und den Parmesan weglassen. Zubereitung s. »Tortellini«-Wurst-Suppe, Seite 51

PRO PORTION
Kalorien **423** / gesättigte Fettsäuren **3 g** / Fett gesamt **9 g** / Eiweiß **24 g** / Kohlenhydrate **67 g** / Ballaststoffe **19 g** / Natrium **1.326 mg**

Spiralisierter Gurkensalat

ROHKOST ✴ PALEO ✴ VEGAN

Diese Kombination aus Gurken, Tomaten und roten Zwiebel weckt in mir immer das Gefühl, als würde ich zu einer Grillparty gehen. Das Rezept eignet sich daher ideal für Ihre nächste Sommerparty. Ich spiralisiere die Gurken und Zwiebeln mit unterschiedlichen Klingen, um verschiedene Nudelsorten zu erhalten, und gebe dann die geschnittenen Tomaten und die Vinaigrette dazu. Mit einer Handvoll darüber gestreutem frischem Basilikum stellt sich bei diesem Salat noch mehr Sommergefühl ein.

2 BIS 4 PORTIONEN
VORBEREITUNGSZEIT 10 MINUTEN
MESSEREINSATZ A

2 oder 3 Salatgurken, spiralisiert

¼ rote Zwiebel, spiralisiert mit Klinge B oder C oder in dünne Scheiben geschnitten

200 g Cherrytomaten, halbiert

120 ml Olivenöl

120 ml Balsamico-Essig

1 EL Dijon-Senf

Salz

Schwarzer Pfeffer, frisch gemahlen

2 bis 3 EL frisches Basilikum, gehackt, zum Anrichten

1. Die Gurkennudeln, Zwiebel und Cherrytomaten in einer großen Schüssel miteinander vermischen.
2. Olivenöl, Balsamico und Dijon-Senf in einer kleinen Schüssel gut miteinander verrühren. Mit Salz und Pfeffer abschmecken.
3. Das Dressing über den Salat gießen und untermischen. Direkt servieren.

Tipp Dieser Salat wird ketogen statt vegan, wenn Sie etwas gewürfelten Mozzarella für eine zusätzliche Fettzufuhr hinzugeben.

PRO PORTION
Kalorien **540** / gesättigte Fettsäuren **7 g** / Fett gesamt **51 g** / Eiweiß **4 g** / Kohlenhydrate **22 g** / Ballaststoffe **4 g** / Natrium **183 mg**

Vegetarischer Nudelsalat

Mit diesem Salat können Sie schnell und einfach eine köstliche Beilage zaubern, die voller buntem Gemüse steckt. Mir sagt vor allem das süße Apfelweinessig-Dressing in Kombination mit den knackigen, rohen Gemüsenudeln zu. Wenn Sie das Gemüse mit unterschiedlichen Klingen spiralisieren, erhalten Sie verschiedene Texturen, und wenn Sie es danach noch etwas kleiner schneiden, lässt sich der Salat leichter essen.

2 PORTIONEN
VORBEREITUNGSZEIT 10 MINUTEN
MESSEREINSATZ A, B UND D

2 EL Olivenöl

2 EL Honig

1 EL Apfelweinessig

1 EL Dijon-Senf

¼ TL rote Paprikaflocken

Salz

Schwarzer Pfeffer, frisch gemahlen

1 große Zucchini, spiralisiert

2 oder 3 Möhren, spiralisiert

1 rote Paprikaschote, spiralisiert

1. Olivenöl mit dem Honig, Apfelweinessig, Dijon-Senf und Paprikaflocken in einer großen Schüssel verrühren. Mit Salz und Pfeffer abschmecken.
2. Zucchini, Möhren und Paprika hinzugeben und sanft miteinander vermischen.
3. Direkt servieren.

Tipp Für eine vegane Version dieses Salats können Sie den Honig durch Agavendicksaft ersetzen.

PRO PORTION
Kalorien **270** / gesättigte Fettsäuren **2 g** / Fett gesamt **15 g** / Eiweiß **3 g** / Kohlenhydrate **36 g** / Ballaststoffe **5 g** / Natrium **242 mg**

Spiralisierter Waldorfsalat

MILCHFREI ✳ PALEO ✳ VEGETARISCH

Es gibt unzählige Variationen des klassischen Waldorfsalats, der üblicherweise mit Mayonnaise, Äpfeln, Trauben und Walnüssen über grünem Salat serviert wird. Wenn Sie keine Mayonnaise mögen, können Sie Joghurt verwenden (und vielleicht einen Esslöffel Honig dazugeben), doch da ich Mayonnaise liebe, habe ich dieses Rezept eher traditionell gehalten, mit der Ausnahme, dass die Äpfel spiralisiert statt kleingeschnitten sind.

2 BIS 4 PORTIONEN
VORBEREITUNGSZEIT 10 MINUTEN
KOCHZEIT 5 MINUTEN
MESSEREINSATZ C

60 g Mayonnaise

1 EL frisch gepresster Zitronensaft

2 oder 3 Äpfel, entkernt und spiralisiert

1 Kopf Sellerie, spiralisiert (wird wie gehackt, geht aber schneller)

150 g rote Trauben ohne Kerne, halbiert

Salz

Schwarzer Pfeffer, frisch gemahlen

120 g Walnüsse

1 Kopf Römersalat

PRO PORTION
Kalorien 708 / gesättigte Fettsäuren 5 g / Fett gesamt 44 g / Eiweiß 11 g / Kohlenhydrate 82 g / Ballaststoffe 14 g / Natrium 370 mg

1. Mayonnaise und Zitronensaft in einer großen Schüssel miteinander verrühren. Die Apfelnudeln, den Sellerie und die Trauben dazugeben und sanft unterrühren. Mit Salz und Pfeffer würzen.

2. Die Walnüsse in einer kleinen Pfanne bei niedriger Temperatur rösten, Pfanne dabei häufig schütteln, damit sie nicht anbrennen. So lange rösten, bis sie duften und etwas dunkler sind, ca. 4 Minuten, dabei gut darauf achten, dass sie nicht anbrennen und die Pfanne immer wieder schütteln. Die Walnüsse grob hacken und in die Schüssel mit dem Obst geben, leicht unterheben.

3. Den Salat gleichmäßig auf Schüsseln oder tiefe Teller verteilen, darauf die Apfel-Sellerie-Trauben-Walnuss-Mischung geben. Direkt servieren.

Tipp Wenn Sie kein Vegetarier sind, können Sie aus diesem Salat ein Hauptgericht machen, indem Sie 250 g kleingeschnittene, gegarte Hühnerbrust in die Schüssel mit dem Obst und dem Sellerie geben und nach Belieben mehr Mayonnaise verwenden.

Spiralisierter Salade Niçoise

MILCHFREI ⋆ PALEO

In Sonoma gibt es ein kleines französisches Café, in das mein Mann und ich immer gehen, wenn wir in unserer Lieblings-Weinkellerei waren, und dort habe ich den besten Salade Niçoise meines Lebens gegessen. Statt zu hoffen, dass er wieder einmal angeboten wird, wenn wir da sind, mache ich ihn jetzt zuhause. Ich konnte der Versuchung nicht widerstehen, die Kartoffel mit meinem Spiralschneider zu bearbeiten und habe so den besten Salade Niçoise noch besser gemacht.

1 BIS 2 PORTIONEN
VORBEREITUNGSZEIT 10 MINUTEN
KOCHZEIT 10 MINUTEN
MESSEREINSATZ C

Für den Salat

1 große Kartoffel, spiralisiert

85–110 g grüne Bohnen

1 großer Kopf Römersalat, kleingeschnitten

40 g schwarze Oliven

4 Radieschen, geputzt und geviertelt

1 hartgekochtes Ei (in kochendem Wasser ca. 10 Minuten gekocht), geviertelt

1 Roma-Tomate, geviertelt

340 g Thunfisch aus der Dose

Für die Vinaigrette

½ Schalotte, gehackt

1 EL Dijon-Senf

60 ml Weißweinessig

120 ml Olivenöl

Salz

Schwarzer Pfeffer, frisch gemahlen

PRO PORTION
Kalorien 1.512 / gesättigte
Fettsäuren 16 g / Fett
gesamt 113 g / Eiweiß 37 g /
Kohlenhydrate 108 g /
Ballaststoffe 16 g /
Natrium 957 mg

Zubereitung des Salats

1. Einen großen Suppentopf mit Wasser zum Kochen bringen. Darin die Kartoffelnudeln 3 bis 4 Minuten kochen, bis sie weich gekocht sind, dann mit einem Schaumlöffel oder Stielsieb herausnehmen und in einer großen Schüssel voller kaltem Wasser abschrecken. Abtropfen lassen und beiseitestellen.

2. Im selben Kochwasser die grünen Bohnen ca. 5 Minuten lang kochen, bis sie bissfest sind. Mit einem Schaumlöffel oder Stielsieb aus dem Topf nehmen und in kaltem Wasser abschrecken. Abtropfen lassen und beiseitestellen.

3. Den Salat in eine große Schüssel geben. Darauf die Kartoffelnudeln, grüne Bohnen, Oliven, Radieschen, das Ei und die Tomate geben. Zum Schluss den Thunfisch daraufgeben.

Zubereitung der Vinaigrette

Die Schalotte mit dem Dijon-Senf und dem Weißweinessig in einer kleinen Schüssel verrühren. Während des Rührens langsam das Olivenöl hinein tröpfeln lassen. Mit Salz und Pfeffer abschmecken und über den Salat gießen, sanft schütteln, damit die Vinaigrette sich gut verteilt. Direkt servieren.

Tipp *Der Salat wird ketogen, wenn Sie die Kartoffel-nudeln durch eine geviertelte Avocado ersetzen. Für eine strikte Paleo-Ernährung können Sie statt der Kartoffel eine Süßkartoffel verwenden.*

Asiatischer Hühnchensalat

ONE-POT ✴ MILCHFREI

Einem Hühnchensalat nach chinesischer Art wie diesem kann ich nie widerstehen – der knackige Kohl und die Möhren in Kombination mit dem Hühnchen und der Sesam-Vinaigrette harmonieren sehr gut mit den süßen Edamame und den pikanten Frühlingszwiebeln. Dieser herzhafte Salat ist so sättigend, dass er auch als Hauptspeise serviert werden kann.

4 PORTIONEN
VORBEREITUNGSZEIT 15 MINUTEN
MESSEREINSATZ A UND D

60 ml Reisessig

2 EL Sesamöl

1 TL glutenfreie Sojasoße

1 TL frischer Ingwer, fein gehackt

1 Knoblauchzehe, fein gehackt

500 g gekochte Hühnerbrust, gewürfelt oder in Scheiben

2 große Köpfe Römersalat, kleingeschnitten

1 kleiner Kopf Rotkohl, spiralisiert (Klinge A)

2 mittelgroße Möhren, spiralisiert (Klinge D)

30 g Edamame, geschält

25 g Mandelblättchen

1 oder 2 Frühlingszwiebeln, in Scheiben, zum Anrichten

1. Reisessig, Sesamöl, Sojasoße, Ingwer und Knoblauch in einer großen Schüssel zu einer cremigen Vinaigrette verrühren.

2. Das Hühnchen, den Salat, Rotkohl, die Möhrennudeln, Edamame und Mandeln dazugeben. Sanft schütteln, damit sich alles verbindet und in Servierschüsseln umfüllen. Mit den Frühlingszwiebeln bestreuen und servieren.

Tipp Dieser Salat wird durch das Weglassen der Edamame und Ersetzen der Sojasoße durch Coconut Aminos Paleo. Geben Sie in diesem Fall einige Mandarinen aus der Dose dazu (wenn gewünscht).

PRO PORTION
Kalorien **428** / gesättigte
Fettsäuren **3 g** / Fett
gesamt **16 g** / Eiweiß **48 g** /
Kohlenhydrate **19 g** /
Ballaststoffe **11 g** /
Natrium **219 mg**

Steaksalat

Dieser Steaksalat verweist den gängigen Taco-Salat auf einen hinteren Rang, weil hier medium gebratenes Steak statt Hackfleisch zum Einsatz kommt. Das Gericht wird durch die Cherrytomaten, Cheddar und die cremige Avocado perfekt abgerundet. Dass die Gurke und die Möhren spiralisiert werden, spart nicht nur Zeit, sondern gibt dem Salat auch spannende neue Texturen. Sie bekommen ihn sehr schnell auf den Tisch, wenn Sie das Gemüse verarbeiten, während das Steak ruht.

2 BIS 4 PORTIONEN
VORBEREITUNGSZEIT 10 MINUTEN
KOCHZEIT 20 MINUTEN
MESSEREINSATZ D

500 g Steak (z. B. Flankensteak)

1 EL Olivenöl

Salz

Schwarzer Pfeffer, frisch gemahlen

1 EL Bio-Butter

2 oder 3 Köpfe Römersalat, kleingeschnitten

150 g Cherrytomaten, in Scheiben

60 – 120 ml Ranch Dressing (oder ein zuckerfreies Dressing Ihrer Wahl)

60 g Cheddar, gerieben

2 Möhren, spiralisiert

1 Salatgurke, spiralisiert

1 Avocado, geviertelt und dann in Scheiben geschnitten

5 g frischer Koriander, gehackt, zum Anrichten

1. Das Steak mit dem Olivenöl beträufeln, dann mit Salz und Pfeffer würzen. Eine gusseiserne Pfanne oder Grillpfanne auf mittlerer bis hoher Temperatur erhitzen und das Steak darin pro Seite 7 bis 8 Minuten braten, es sollte medium-rare sein oder so, wie Sie es mögen. Aus der Pfanne nehmen, die Butter daraufgeben und 10 Minuten ruhen lassen, dann in Scheiben schneiden.

2. Den geschnittenen Salat mit den Tomaten, Cheddar und dem Ranch Dressing (oder dem Dressing Ihrer Wahl) in einer großen Schüssel mischen. Die Möhren- und Gurkennudeln sowie die Avocado sanft unterheben und mit Salz und Pfeffer abschmecken.

3. Zum Servieren in zwei große Schüsseln füllen. Das geschnittene Steak darauf verteilen und den Koriander darüber streuen. Direkt genießen.

Tipp Der Salat wird vegetarisch statt ketogen, wenn Sie das Steak weglassen und stattdessen eine Dose schwarze Bohnen und eine Dose Mais dazugeben.

PRO PORTION
Kalorien 1.024 / gesättigte Fettsäuren 26 g / Fett gesamt 67 g / Eiweiß 75 g / Kohlenhydrate 33 g / Ballaststoffe 11 g / Natrium 888 mg

Hühnchen-Sandwiches auf Möhrennudel-Brötchen

5 ZUTATEN ✴ PALEO

In meiner Familie sind alle große Fans von Chicken Wings in Buffalo-Soße, und ich bin ständig auf der Suche nach neuen, gesunden Möglichkeiten, um den Geschmack dieser Soße in unsere Mahlzeiten einzubinden. Mein Mann ist mit diesen unglaublich leckeren Buffalo Chicken Cheesesteaks groß geworden, und obwohl wir das Rezept noch nicht zu 100 Prozent perfektioniert haben, ist diese Paleo-Version auf Möhrennudel-Brötchen schon ziemlich nahe dran.

2 PORTIONEN
VORBEREITUNGSZEIT 10 MINUTEN
KOCHZEIT 15 MINUTEN
MESSEREINSATZ D

Für die Möhrennudel-Brötchen

4 oder 5 Möhren, spiralisiert
3 EL Olivenöl, aufgeteilt
1 Ei, Größe L, verquirlt
Salz
Schwarzer Pfeffer, frisch gemahlen

Für die Sandwiches

4 EL Bio-Butter, geschmolzen
60 ml Frank's Red Hot Buffalo Wings Soße
2 große Hühnerbrüste, gegart und klein gezupft

PRO PORTION
Kalorien 658 / gesättigte Fettsäuren 20 g / Fett gesamt 46 g / Eiweiß 45 g / Kohlenhydrate 15 g / Ballaststoffe 4 g / Natrium 559 mg

Zubereitung der Möhrennudel-Brötchen

1. Die Möhrennudeln in einer großen antihaftbeschichteten Pfanne in 1 ½ EL Olivenöl bei mittlerer bis hoher Temperatur 4 bis 5 Minuten lang dünsten, bis sie weich sind. In eine mittelgroße Schüssel umfüllen und etwas abkühlen lassen. Dann das Ei unterrühren und mit Salz und Pfeffer würzen. Die Mischung in vier Auflaufförmchen oder Speiseringe (ca. 10 oder 12 cm Durchmesser) geben, sanft festdrücken, um sie zusammenzupressen. Einige Minuten zum Festwerden in den Kühlschrank stellen.

2. Die Möhrennudel-Küchlein vorsichtig aus den Formen lösen. Die Pfanne auswischen und die restlichen 1½ EL Olivenöl darin bei mittlerer bis hoher Temperatur erhitzen, darin die Brötchen pro Seite 3 bis 4 Minuten braten, bis sie leicht gebräunt und knusprig sind.

Zubereitung der Sandwiches

1. Während die Möhrennudel-Brötchen abkühlen, die Butter und die Soße in einer kleinen Schüssel miteinander verrühren. Diese Soße in einer großen Schüssel über das Hühnchen gießen und gut einreiben. Wenn es nicht genug Soße ist, bereiten Sie mehr zu, indem Sie die Butter 1:1 mit der Buffalo-Soße mischen.

2. Zwei Möhrennudel-Brötchen auf Teller legen und das Hühnchen gleichmäßig drauf verteilen. Die restlichen Brötchen darauflegen und direkt servieren.

Tipp Die Möhrennudel-Brötchen erinnern mich an die Möhren, die bei uns traditionell zu Chicken Wings gereicht wurden, Sie können aber auch Süßkartoffelnudel-Brötchen oder Kartoffelnudel-Brötchen verwenden, wenn Sie keine Möhren mögen.

Club-Sandwich auf Blumenkohlbrot

KETOGEN

Mein Lieblingssandwich zum Mittagessen ist ein Club Sandwich – ich liebe Putenbrust, vor allem in Kombination mit Schinken, Bacon und knackigem Salat und Tomaten. Für diese Sandwiches verwenden wir dasselbe Brot wie bei dem Rezept »Ei, Schinken und Käse auf Blumenkohlbrot« aus dem Frühstückskapitel (Seite 36). Dieses Brot ist unglaublich vielseitig! Ich habe es immer gerne im Kühlschrank, damit ich schnell ein Sandwich wie dieses zum Mittagessen zubereiten kann, wenn ich zuhause arbeite (oder es einpacken und mitnehmen kann).

2 PORTIONEN
VORBEREITUNGSZEIT 10 MINUTEN
KOCHZEIT 20 MINUTEN

für das Blumenkohlbrot
1 Kopf Blumenkohl

3 Eier, Größe L

1 Schalotte, gehackt

1 TL getrockneter Oregano

1 TL frischer Schnittlauch, gehackt

1 TL frische Petersilie, gehackt

3 Knoblauchzehen, gehackt

1 TL Salz

Schwarzer Pfeffer, frisch gemahlen

Für die Sandwiches
2 EL Mayonnaise

115 g Putenbrust in Scheiben

115 g Schinken in Scheiben

2 Scheiben Cheddar oder Havarti

2 Blätter Römersalat

2 Tomatenscheiben

4 Scheiben Frühstücksspeck, gebraten

PRO PORTION
Kalorien **658** / gesättigte Fettsäuren **12 g** / Fett gesamt **32 g** / Eiweiß **60 g** / Kohlenhydrate **18 g** / Ballaststoffe **5 g** / Natrium **3.248 mg**

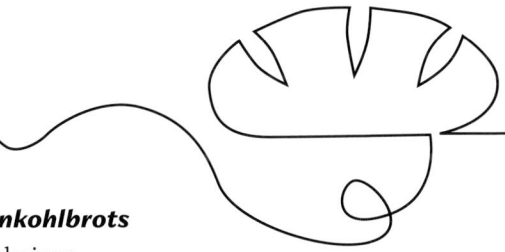

Zubereitung des Blumenkohlbrots

1. Den Ofen auf 180°C vorheizen.

2. Den Blumenkohl in der Küchenmaschine so lange zerkleinern, bis die Stücke aussehen wie Reiskörner. In eine mikrowellengeeignete Schüssel geben und auf höchster Stufe in der Mikrowelle 2 Minuten garen. Einige Minuten abkühlen lassen, dann in einem Passier- oder Seihtuch auswringen, um die Flüssigkeit auszupressen (es wird nicht viel heraus kommen, doch das Wenige muss herausgedrückt werden). Wenn Sie keine Küchenmaschine haben, können Sie den Blumenkohl auch auf einer Turmreibe reiben.

3. Den Blumenkohl in eine mittelgroße Schüssel geben. Die Eier in einer kleinen Schüssel verquirlen, Schalotten, Oregano, Schnittlauch, Petersilie, Knoblauch, Salz und einige Umdrehungen Pfeffer hineinrühren. Die Mischung über den Blumenkohl gießen und gut miteinander verrühren.

4. Ein Backblech mit Backpapier oder Alufolie auslegen. Die Blumenkohl-Mischung in vier gleichmäßigen Teilen daraufgeben, zwischen den einzelnen Teilen etwas Platz lassen, diese dann jeweils so verteilen, bis sie gut 0,5 cm hoch sind. 10 Minuten backen, dann wenden und weitere 7 Minuten backen. Aus dem Ofen nehmen und etwas abkühlen lassen.

Zubereitung der Sandwiches

Je einen Esslöffel Mayonnaise auf zwei Blumenkohlbrote streichen, diese dann mit Putenbrust, Schinken, Käse, Salat, Tomate und Frühstücksspeck belegen. Jeweils ein Blumenkohlbrot darauflegen und servieren.

Tipp Das Rezept wird Paleo und milchfrei, wenn Sie den Käse weglassen.

Schinken und Käse auf Süßkartoffel-Brötchen

5 ZUTATEN

Ein Schinken-Käse-Sandwich gehört zu den wohl einfachsten Mittagessen der Welt, doch wenn man es erwärmt und auf einem Brötchen aus Süßkartoffelnudeln serviert, wird es interessanter. Es ist ein Kinderspiel, diese Süßkartoffel-Brötchen zuzubereiten, mit Ihrem Lieblingsbelag für Sandwiches zu belegen und so ein schnelles Mittagessenn zu kreieren. Wenn Sie Lust haben, können Sie auf das Sandwich noch etwas Dijon-Senf streichen.

2 PORTIONEN
VORBEREITUNGSZEIT 10 MINUTEN
KOCHZEIT 20 MINUTEN
MESSEREINSATZ D

Für die Süßkartoffel-Brötchen
1 große Süßkartoffel, spiralisiert
3 EL Olivenöl, aufgeteilt
1 Ei, Größe L, verquirlt
Salz
Schwarzer Pfeffer, frisch gemahlen

Für die Sandwiches
4 Scheiben Cheddar oder Provolone
225 g Schinken in Scheiben

PRO PORTION
Kalorien **682** / gesättigte Fettsäuren **19 g** / Fett gesamt **52 g** / Eiweiß **37 g** / Kohlenhydrate **18 g** / Ballaststoffe **3 g** / Natrium **1.970 mg**

Zubereitung der Süßkartoffel-Brötchen

1. Die Süßkartoffelnudeln in einer großen antihaftbeschichteten Pfanne in 1 ½ EL Olivenöl bei mittlerer bis hoher Temperatur 4 bis 5 Minuten lang dünsten, bis sie weich sind. In eine mittelgroße Schüssel umfüllen und etwas abkühlen lassen. Dann das Ei unterrühren und mit Salz und Pfeffer würzen. Die Mischung in vier Auflaufförmchen oder Speiseringe (ca. 10 oder 12 cm Durchmesser) geben, sanft festdrücken, um sie zusammenzupressen. Einige Minuten zum Festwerden in den Kühlschrank stellen.
2. Die Pfanne auswischen und die restlichen 1½ EL Olivenöl darin bei mittlerer bis hoher Temperatur erhitzen. Die Nudel-Küchlein vorsichtig aus den Formen lösen und pro Seite 3 bis 4 Minuten braten, bis sie leicht gebräunt und knusprig sind.

Zubereitung der Sandwiches

Die Temperatur auf niedrigste Stufe herunter drehen und auf jedes »Brötchen« eine Scheibe Käse legen. Erhitzen, bis der Käse geschmolzen ist. Auf eine Seite eine Scheibe Schinken geben und dann zwei Brötchen mit der Käseseite aufeinander legen, um ein Sandwich herzustellen. Direkt servieren.

Tipp Geben Sie ein Spiegelei oder Rührei auf jedes Sandwich, damit mehr Protein ins Spiel kommt. Dies eignet sich auch gut als Gericht zum Brunch.

Grillkäse-Sandwich mit Blumenkohlbrot

KETOGEN ∗ VEGETARISCH

Grillkäse-Sandwiches gehören zu meinen absoluten Favoriten. Manchmal bereite ich sie mit glutenfreiem Brot zu, mag sie aber lieber in der getreidefreien Variante mit diesem köstlichen Käse-Blumenkohlbrot. Ich gebe sowohl in das Brot Käse als auch darauf, so wird es extra käsig. Sie schmecken für sich sehr lecker, passen aber auch gut zu einer Tomatensuppe und / oder einem Salat. Wenn Sie mögen, können Sie das Sandwich noch mit Avocado, Bacon oder was auch immer Ihnen vorschwebt belegen.

2 PORTIONEN
VORBEREITUNGSZEIT 10 MINUTEN
KOCHZEIT 20 MINUTEN

Für das Blumenkohlbrot
1 Kopf Blumenkohl

3 Eier, Größe L

25 g Parmesan, gerieben

1 Schalotte, gehackt

1 TL getrockneter Oregano

1 TL frischer Schnittlauch, gehackt

1 TL frische Petersilie, gehackt

3 Knoblauchzehen, gehackt

1 TL Salz

Schwarzer Pfeffer, frisch gemahlen

Für die Sandwiches
4 Scheiben Ihres Lieblingskäses (ich nehme fast immer Cheddar)

PRO PORTION
Kalorien **425** / gesättigte Fettsäuren **16 g** / Fett gesamt **29 g** / Eiweiß **31 g** / Kohlenhydrate **12 g** / Ballaststoffe **4 g** / Natrium **1.789 mg**

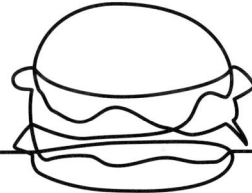

Zubereitung des Blumenkohlbrots

1. Den Ofen auf 180°C vorheizen.

2. Den Blumenkohl in der Küchenmaschine so lange zerkleinern, bis die Stücke aussehen wie Reiskörner. In eine mikrowellengeeignete Schüssel geben und auf höchster Stufe in der Mikrowelle 2 Minuten garen. Einige Minuten abkühlen lassen, dann in einem Passier- oder Seihtuch auswringen, um die Flüssigkeit auszupressen (es wird nicht viel heraus kommen, doch das Wenige muss herausgedrückt werden). Wenn Sie keine Küchenmaschine haben, können Sie den Blumenkohl auch auf einer Turmreibe reiben.

3. Den Blumenkohl in eine mittelgroße Schüssel geben. Die Eier in einer kleinen Schüssel mit dem geriebenen Käse verquirlen, Schalotten, Oregano, Schnittlauch, Petersilie, Knoblauch, Salz und einige Umdrehungen Pfeffer hineinrühren. Die Mischung über den Blumenkohl gießen und gut miteinander verrühren.

4. Ein Backblech mit Backpapier oder Alufolie auslegen. Die Blumenkohl-Mischung in vier gleichmäßigen Teilen daraufgeben, zwischen den einzelnen Teilen etwas Platz lassen, diese dann jeweils so verteilen, bis sie gut 0,5 cm hoch sind.

10 Minuten backen, dann wenden und weitere 7 Minuten backen. Aus dem Ofen nehmen und etwas abkühlen lassen.

Zubereitung der Sandwiches

Auf jedes Blumenkohlbrot eine Scheibe Käse legen und zurück in den Ofen geben, bis der Käse geschmolzen ist. Je zwei Brote zusammenklappen, um Sandwiches herzustellen und direkt servieren.

Tipp Lassen Sie den extra Käse im Brot weg und verwenden Sie veganen Käse für milchfreie Sandwiches.

SNACKS & BEILAGEN

Wenn man sich gesünder ernähren möchte, kann es zu einer Herausforderung werden, gute Snacks und Beilagen zu finden, vor allem, weil wir es gewohnt sind, Dinge zu knabbern, die voller Kohlenhydrate stecken, wie Chips und Cracker. In diesem Kapitel finden Sie eine Fülle an gesunden Beilagen und Snacks, die sich auch gut zum Mitnehmen eignen – hauptsächlich Salate mit viel Obst und Gemüse, spiralisierte Versionen vom Nudelsalat, aber auch verschiedene Chips und außerdem warme Beilagen, die perfekt dazu geeignet sind, zu einem der spiralisierten Gerichte gereicht zu werden.

Spiralisierte eingelegte Gurken

5 ZUTATEN + MILCHFREI + PALEO + VEGETARISCH

Ich habe diese Gurken immer gerne im Kühlschrank, damit ich sie für Sandwiches parat habe oder schnell snacken kann. Sie halten sich nicht so lange wie eingelegte Gurken aus dem Laden, da letztere voller Konservierungsstoffe sind, was bei uns aber kein Problem ist, weil wir sie sowieso schnell wegessen. Mein Mann mag eingelegte Gurken eigentlich gar nicht, kann diesen selbstgemachten aber nicht widerstehen, vor allem nicht auf seinen Burgern.

4 PORTIONEN
VORBEREITUNGSZEIT 10 MINUTEN
KOCHZEIT 10 MINUTEN
MESSEREINSATZ A

120 ml Rotweinessig

120 ml Wasser

60 ml Honig

1 EL schwarze Pfefferkörner

1 EL Senfkörner

2 große Gurken, spiralisiert

PRO PORTION
Kalorien 93 / gesättigte
Fettsäuren 0 g / Fett
gesamt 0 g / Eiweiß 1 g /
Kohlenhydrate 23 g /
Ballaststoffe 1 g /
Natrium 5 mg

1. Essig, Wasser, Honig, Pfeffer- und Senfkörner in einem kleinen Topf bei hoher Temperatur zum Kochen bringen.

2. Während die Lauge kocht, die Gurkennudeln in saubere Gläser füllen. Die Lauge vom Herd nehmen und vorsichtig über die Gurken gießen. Die Gurken auf Zimmertemperatur abkühlen lassen, dann die Gläser mit dem Deckel verschließen und mindestens 2 Stunden in den Kühlschrank stellen. Gekühlt bis zu 10 Tage haltbar.

Tipp Dieses Rezept wird vegan, wenn Sie den Honig weglassen und stattdessen Zucker oder etwas Agavendicksaft verwenden. Sie sollten die Lauge dann probieren, um sicherzustellen, dass sie nicht zu süß wird.

Apfel-Zimt-Chips

5 ZUTATEN * ONE-POT * PALEO * VEGETARISCH

Jedes Jahr, wenn es Herbst wird, freue ich mich darauf, Äpfel zu backen und Kürbisse sowie all die anderen wunderbaren herbstlichen Köstlichkeiten zuzubereiten. Diese schnell gebackenen Apfelchips sind ein perfekter Snack und eine köstliche Leckerei, und Sie werden dieses Rezept lieben, wenn es Ihnen wie uns geht, Sie Äpfel pflücken und hinterher viel zu viel Obst und viel zu wenige Apfel-Rezepte haben.

4 BIS 6 PORTIONEN
VORBEREITUNGSZEIT 5 MINUTEN
KOCHZEIT 25 MINUTEN
MESSEREINSATZ A

2 oder 3 Äpfel, entkernt und spiralisiert
1 EL Bio-Butter, geschmolzen
Zimt, gemahlen, zum Bestreuen

PRO PORTION
Kalorien 112 / gesättigte Fettsäuren 2 g / Fett gesamt 3 g / Eiweiß 1 g / Kohlenhydrate 23 g / Ballaststoffe 4 g / Natrium 22 mg

1. Den Backofen auf 160 °C vorheizen.

2. Die spiralisierten Äpfel in ca. 2,5–5 cm lange Stücke schneiden und nebeneinander auf einem großen Backblech ausbreiten.

3. Die Äpfel mit der geschmolzenen Butter beträufeln und den Zimt darüber streuen. Sanft mit den Händen einreiben, dann wieder nebeneinander ausbreiten.

4. 20 bis 25 Minuten backen, oder so lange, bis die Äpfel leicht getrocknet sind.

5. Aus dem Ofen nehmen, abkühlen lassen und servieren.

Tipp Verwenden Sie Kokosöl statt Butter, um einen veganen Snack herzustellen.

Spiralisierte Süßkartoffel-Chips

5 ZUTATEN ◆ ONE-POT ◆ PALEO ◆ VEGAN

Für diese ofengebackenen Süßkartoffelchips wird die Bandnudel-Klinge verwendet, sodass ein Zwischending aus Kartoffelscheiben-Chips und Curly Fries entsteht. Diese Chips vereinen das Beste aus beiden Welten! Ich spiralisiere gerne Süßkartoffeln, weil es so viel schneller geht als sie von Hand zu schneiden, und sie werden auf diese Art im Ofen auch viel schneller gar. Wenn man sie mit etwas Ketchup oder Aioli serviert, erhält man einen köstlichen Snack.

2 BIS 4 PORTIONEN
VORBEREITUNGSZEIT 5 MINUTEN
KOCHZEIT 25 MINUTEN
MESSEREINSATZ A

2 große Süßkartoffeln, geschält und spiralisiert
2 EL Olivenöl
Salz
Schwarzer Pfeffer, frisch gemahlen

PRO PORTION
Kalorien **232** / gesättigte Fettsäuren **2 g** / Fett gesamt **14 g** / Eiweiß **2 g** / Kohlenhydrate **26 g** / Ballaststoffe **4 g** / Natrium **149 mg**

1. Den Backofen auf 200 °C vorheizen.

2. Die Süßkartoffelnudeln in ca. 2,5–5 cm lange Stücke schneiden und nebeneinander auf einem großen Backblech ausbreiten.

3. Mit dem Olivenöl beträufeln und mit Salz und Pfeffer würzen. Mit den Händen verreiben, damit jede Kartoffel gut mit Öl bedeckt und gut gewürzt ist, dann wieder nebeneinander ausbreiten.

4. 20 bis 25 Minuten backen, oder so lange, bis sie weich sind und die Ränder beginnen, braun zu werden.

5. Aus dem Ofen nehmen und direkt servieren.

Tipp Süßkartoffeln sind nie ketogen, doch Sie können Fett und Protein zugeben, indem Sie die Kartoffeln mit Chili und Käse bestreuen und Sauerrahm dazu reichen. So wird aus dem Gericht eher ein Hauptgericht.

Spiralisierter Obstsalat

ROHKOST ✴ ONE-POT ✴ PALEO ✴ VEGAN

Ich liebe diesen einfachen Obstsalat, weil er verschiedene Obstnudeln enthält und gut zu essen ist. Die Kombination aus Cantaloupe-Melone und Apfelnudeln mit frischen Beeren, Zitronensaft und etwas gehackter Minze für extra Frische ist absolut köstlich. Wenn Sie diesen Salat zur nächsten Sommerparty mitbringen, werden Sie alle mit dieser neuen Variante eines bewährten Klassikers positiv überraschen.

4 BIS 6 PORTIONEN
VORBEREITUNGSZEIT 10 MINUTEN
MESSEREINSATZ B, C UND / ODER D

1 Cantaloupe-Melone, spiralisiert (Melone schälen und spiralisieren, bis die Kerne zu sehen sind, dann die Kerne herauslöffeln und weiter spiralisieren)

2 oder 3 Äpfel, spiralisiert

125 g Himbeeren

125 Brombeeren

2 EL frisch gepresster Zitronensaft

20 g frische Minze, gehackt

PRO PORTION
Kalorien **160** / gesättigte Fettsäuren **0 g** / Fett gesamt **1 g** / Eiweiß **3 g** / Kohlenhydrate **40 g** / Ballaststoffe **9 g** / Natrium **23 mg**

Die Melone mit dem Apfel, den Himbeeren, Brombeeren, dem Zitronensaft und der Minze in einer großen Schüssel miteinander mischen. Kurz schütteln. Direkt servieren und bis zum Servieren im Kühlschrank aufbewahren, hält sich dort bis zu 2 Tage.

Tipp Geben Sie noch ein paar gehackte Nüsse in den Salat, das macht ihn knackiger und erhöht die Fettzufuhr.

Gurkennudel-Salat mit Wassermelone und Feta

5 ZUTATEN * ROHKOST * ONE-POT * VEGETARISCH

Dieser Salat mit Gurke und Wassermelone ist perfekt für den Sommer – ein Freund hat letztes Jahr zur Feier des 4. Juli etwas Ähnliches mitgebracht, das sehr köstlich war. Ich bekomme von der leckeren Kombination aus knackiger Gurke, süßer Wassermelone, salzigem Feta und einem Hauch frischer Minze nie genug. Die Gurke zu spiralisieren statt kleinzuschneiden, gibt dem Salat eine schöne Textur.

4 BIS 6 PORTIONEN
VORBEREITUNGSZEIT 10 MINUTEN
MESSEREINSATZ C

2 große Salatgurken, spiralisiert

½ große Wassermelone, gewürfelt

170 g Feta, klein gekrümelt

Olivenöl, zum Darüberträufeln

Balsamessig, zum Darüberträufeln

Salz

Schwarzer Pfeffer, frisch gemahlen

20 g frische Minze, gehackt, plus etwas mehr zum Anrichten

PRO PORTION
Kalorien **253** / gesättigte Fettsäuren **7 g** / Fett gesamt **13 g** / Eiweiß **9 g** / Kohlenhydrate **30 g** / Ballaststoffe **3 g** / Natrium **522 mg**

1. Die Gurkennudeln in einer großen Schüssel mit der Wassermelone und dem Feta mischen. Leicht schütteln und mit dem Olivenöl, dem Essig sowie Salz und Pfeffer anmachen.

2. Die Minze dazugeben und schütteln, damit alles verbunden wird. Mit mehr frischer Minze bestreut servieren. Direkt servieren oder im Kühlschrank für einige Stunden bis zum Servieren aufbewahren.

Tipp Falls Sie keine Wassermelone haben oder diese nicht mögen, können Sie auch in Scheiben geschnittene Erdbeeren verwenden.

Der Salat wird vegan und Paleo, wenn Sie den Feta weglassen.

Gemüsenudelsalat à la Caprese

Einer meiner Lieblingssalate ist gleichzeitig einer der einfachsten – nur Tomatenscheiben, Mozzarella, viel frisches Basilikum mit etwas Olivenöl beträufelt. Ich habe das früher immer auf einem Sandwich gegessen, aber seitdem ich mich Paleo beziehungsweise ketogen ernähre, lasse ich das Brot weg und baue mir kleine Türmchen aus den Zutaten, die ich dann pur genieße. Diese Variante ist eher ein Salat, weil noch spiralisierter Sommerkürbis oder Zucchini hinzukommt. Sie können diesen als Snack, Vorspeise oder als Beilage zum Abendessen genießen.

4 PORTIONEN
VORBEREITUNGSZEIT 10 MINUTEN
MESSEREINSATZ A

2 große Sommerkürbisse oder Zucchini, spiralisiert

300 g Cherrytomaten, halbiert

450 g Mozzarella, in Scheiben geschnitten (oder Minikugeln, wenn gewünscht)

60 ml Olivenöl

1 Knoblauchzehe, fein gehackt

Salz

Schwarzer Pfeffer, frisch gemahlen

15 g frisches Basilikum, gehackt

1. Die Sommerkürbisnudeln mit den Cherrytomaten und dem Mozzarella in eine große Schüssel geben
2. Olivenöl und Knoblauch dazugeben, mit Salz und Pfeffer würzen und sanft schütteln, damit alles verbunden wird. Das Basilikum darüber streuen und direkt servieren.

Tipp Wenn Sie eine Fleischzugabe in diesem Salat bevorzugen, geben Sie 225–285 g klein geschnittenen Prosciutto hinein.

PRO PORTION
Kalorien **425** / gesättigte Fettsäuren **13 g** / Fett gesamt **31 g** / Eiweiß **29 g** / Kohlenhydrate **9 g** / Ballaststoffe **2 g** / Natrium **753 mg**

Spiralisierter Kartoffelsalat

5 ZUTATEN * MILCHFREI

Dieser spiralisierte Kartoffelsalat ist eine tolle Kombination aus traditionellem Kartoffelsalat und Nudelsalat, weil die Kartoffeln ja zu Nudeln verwandelt werden. Ich gebe gerne grüne Bohnen hinein, um den Gemüse-Anteil zu erhöhen. Grüne Bohnen und Kartoffeln sind eine klassische Kombination und schmecken besonders gut, wenn man noch Bacon dazu gibt.

4 PORTIONEN
VORBEREITUNGSZEIT 5 MINUTEN
KOCHZEIT 10 MINUTEN
MESSEREINSATZ B ODER C

250 g grüne Bohnen, kleingeschnitten

2 große mehlig kochende Kartoffeln, spiralisiert

4–6 Scheiben Frühstücksspeck, gebraten und gewürfelt

60 g Mayonnaise

1 EL Senf

Salz

Schwarzer Pfeffer, frisch gemahlen

PRO PORTION
Kalorien **315** / gesättigte Fettsäuren **5 g** / Fett gesamt **18 g** / Eiweiß **14 g** / Kohlenhydrate **26 g** / Ballaststoffe **5 g** / Natrium **811 mg**

1. Einen großen Suppentopf mit Wasser zum Kochen bringen. Darin die grünen Bohnen kochen, bis sie gar, aber noch knackig sind, ca. 5 Minuten, dann mit einem Schaumlöffel in eine große Schüssel voller Eiswasser geben. Abtropfen lassen und beiseitestellen.

2. Die Kartoffelnudeln in den gleichen Topf mit kochendem Wasser geben und 2 bis 3 Minuten kochen, bis sie etwas weich geworden sind. Vom Herd nehmen und abgießen.

3. Die gekochten Kartoffelnudeln mit den grünen Bohnen und den Speck in eine große Schüssel geben. Mayonnaise und Senf dazugeben und gut miteinander vermischen. Mit Salz und Pfeffer abschmecken und direkt servieren oder bis zum Servieren im Kühlschrank aufbewahren.

Tipp *Lassen Sie den Speck weg, wird dieser Kartoffelsalat ein vegetarisches Gericht.*

Spiral-Gemüsereibekuchen

MILCHFREI ✦ KETOGEN ✦ PALEO ✦ VEGETARISCH

Diese Spiral-Gemüsereibekuchen eignen sich hervorragend dazu, jegliches Gemüse aufzubrauchen, das gekocht oder gegessen werden muss, bevor es welk oder schlecht wird. Ich nehme dazu gerne Zucchininudeln, Sie können natürlich aber auch andere Gemüsesorten verwenden, wie gehackten Brokkoli oder spiralisierte oder geriebene Möhren. Passen Sie das Gericht ganz nach Ihrem Geschmack an und je nachdem, was in Ihrem Kühlschrank schlummert.

2 BIS 4 PORTIONEN
VORBEREITUNGSZEIT 10 MINUTEN
KOCHZEIT 15 MINUTEN
MESSEREINSATZ D

350 g frischer Spinat, gekocht und abgetropft

1 große Zucchini, spiralisiert und grob gehackt

6 Frühlingszwiebeln, kleingeschnitten

2 oder 3 Knoblauchzehen, fein gehackt

2 Eier, Größe L, leicht verquirlt

50 g Mandelmehl

1 TL Salz

2 EL Olivenöl, aufgeteilt

1. Mit den Händen aus dem Spinat so viel Flüssigkeit wie möglich pressen.

2. Spinat, Zucchini, Frühlingszwiebeln und Knoblauch in einer großen Schüssel mischen.

3. Eier, Mehl und Salz dazugeben und gut miteinander verrühren.

4. 1 EL Olivenöl in einer großen antihaftbeschichteten Pfanne bei mittlerer bis hoher Temperatur erhitzen. In die Pfanne einige gehäufte Esslöffel der Reibekuchenmasse geben und pro Seite 3 bis 4 Minuten braten. Dabei mit dem Spatel etwas flach drücken, damit dünne Reibekuchen entstehen.

5. Mit restlichem Olivenöl und Reibekuchenmasse wiederholen. Heiß servieren.

Tipp *Falls Sie Milchprodukte verzehren, können Sie zu diesen Reibekuchen etwas Sauerrahm reichen, damit werden sie auch ketogener.*

PRO PORTION
Kalorien **309** / gesättigte Fettsäuren **23 g** / Fett gesamt **4 g** / Eiweiß **15 g** / Kohlenhydrate **16 g** / Ballaststoffe **7 g** / Natrium **1.387 mg**

Spiralisierte vegetarische Sommerrollen

ROHKOST ✦ VEGAN

Sommerrollen gehören schon seit Langem zu den leichten Mittagsgerichten, die ich sehr gerne mag, und ich habe erst vor Kurzem damit angefangen, sie selbst zuzubereiten. Ich war positiv überrascht, wie einfach das geht und wie viel Spaß es macht. Ich konnte mindestens eine Woche lang nicht damit aufhören, sie immer wieder zu machen und Freunde zum Probieren einzuladen. Das hat wohl keinem etwas ausgemacht. Ich bevorzuge meine Sommerrollen mit Garnelen, die ich hier aber weglasse, damit das Gericht vegan bleibt.

2 BIS 4 PORTIONEN
VORBEREITUNGSZEIT 20 MINUTEN
MESSEREINSATZ D

Für die Sommerrollen

4–6 Blätter Reispapier

¼–½ Kopf Eisbergsalat, kleingeschnitten

1 Handvoll frische Minze, gehackt

4–6 frische Blätter Basilikum

2 oder 3 Stiele Koriander

1 kleine Zucchini, spiralisiert (ersetzt die üblicherweise verwendeten Reis-Vermicelli)

1 Möhre, spiralisiert

½ Salatgurke, spiralisiert

Für den Dip

1 EL Knoblauch-Chili-Soße

3–4 EL Hoisin-Soße

Saft von ½ Limette

2–3 EL Erdnüsse, zerstoßen

PRO PORTION
Kalorien **352** / gesättigte
Fettsäuren **1 g** / Fett
gesamt **9 g** / Eiweiß **9 g** /
Kohlenhydrate **48 g** /
Ballaststoffe **5 g** /
Natrium **754 mg**

Zubereitung der Sommerrollen

1. Alle Zutaten für die Sommerrollen an einen Ort legen, um sie schnell zur Hand zu haben. Ich breite gerne alles auf einem großen Schneidebrett aus.

2. Eine flache Schüssel mit warmem Wasser füllen und ein Blatt Reispapier hinein legen. Einige Sekunden quellen lassen, dann herausnehmen und flach ausbreiten.

3. In die Mitte des Reispapiers den Salat, die Minze, das Basilikum, Koriander, die Zucchininudeln, Möhren und Gurken legen. Die Seitenränder über der Füllung einschlagen und die Sommerrolle dann vorsichtig aufrollen. (Darauf achten, die Rolle nicht zu überfüllen, sonst lässt sie sich nicht ordentlich schließen!)

4. Mit den restlichen Reispapier-Blättern samt Füllung wiederholen.

Zubereitung des Dips

Die Knoblauch-Chili-Soße und die Hoisin-Soße mit dem Limettensaft in einer kleinen Schüssel gut miteinander verrühren. Darauf die zerstoßenen Erdnüsse geben und zu den Sommerrollen servieren.

Tipp *Diese Rollen werden ketogen, wenn Sie sie in Salatblätter oder in Kohlblätter statt in Reispapier rollen. Möchten Sie zusätzliches Protein hinzufügen, geben Sie noch 110–170 g kleingeschnittene Garnelen mit hinein.*

Spiralisierte Kartoffelpuffer

5 ZUTATEN • VEGETARISCH

Diese spiralisierten Kartoffelpuffer werden mit einer ähnlichen Technik wie die Gemüsenudel-Brötchen aus dem Frühstückskapitel und dem Kapitel mit den Sandwiches zubereitet. Ich verwende keine geriebenen Kartoffeln dafür, sondern spiralisiere sie, was viel schneller geht. Wenn Sie mögen, können Sie die Nudeln noch klein schneiden, ich nehme immer eine Schere, schneide sie damit und frittiere sie dann in kleinen Häufchen. Richtig lecker wird es, wenn Sie gehackte Frühlingszwiebeln darüber streuen und einen Klecks Sauerrahm dazu reichen.

2 BIS 4 PORTIONEN
VORBEREITUNGSZEIT 5 MINUTEN
KOCHZEIT 25 MINUTEN
MESSEREINSATZ D

3 oder 4 Kartoffeln, geschält und spiralisiert

½ Zwiebel, fein gehackt

1 Ei, Größe L, verquirlt

Salz

Schwarzer Pfeffer, frisch gemahlen

120 ml Olivenöl

Gehackte Frühlingszwiebeln und / oder Sauerrahm als Topping (beide optional, aber sehr empfehlenswert)

PRO PORTION
Kalorien **557** / gesättigte
Fettsäuren **5 g** / Fett
gesamt **28 g** / Eiweiß **11 g** /
Kohlenhydrate **70 g** /
Ballaststoffe **11 g** /
Natrium **139 mg**

1. Die Kartoffelnudeln mit der Zwiebel und dem Ei in eine großen Schüssel geben. Mit Salz und Pfeffer würzen und alles gut miteinander vermischen.

2. Olivenöl in einer großen Pfanne bei mittlerer Temperatur erhitzen. Einen gut gehäuften Löffel der Kartoffelmasse aus der Schüssel nehmen und mit den Händen zu einem kleinen Puffer formen. Vorsichtig in das heiße Öl gleiten lassen und von jeder Seite 4 bis 6 Minuten braten. Die Kartoffelnudeln sollten weich geworden und gut gebräunt sein. Mit der restlichen Kartoffelmasse wiederholen. Heiß servieren und mit Frühlingszwiebeln und Sauerrahm anrichten (wenn verwendet).

Tipp *Für eine Paleo-Version können Sie Süßkartoffeln statt der Kartoffeln verwenden und den Sauerrahm weglassen.*

VEGANE &
VEGETARISCHE
HAUPTGERICHTE

Ich habe einige Jahre lang beinahe vegetarisch gelebt, bis ich zur Paleo-Ernährung
gewechselt bin. Doch meine Ernährung war zu dieser Zeit bei Weitem nicht
so gesund, wie man sich das bei dem Wort »vegetarisch« oft vorstellt (da
ich viele Muffins und süße Latte Macchiatos konsumiert habe). Als ich aber
begann, mehr Fleisch auf meinen Speiseplan zu setzen und das Getreide weg-
zulassen, stellte ich fest, dass ich auf ganz natürliche Art auch mehr Gemüse zu
mir nahm. Und als ich erst einmal einen Spiralschneider gekauft hatte, begann
ich fleischlose Gerichte zu kreieren, ohne überhaupt darüber nachzudenken.
In diesem Kapitel finden Sie einige wunderbare vegetarische Gerichte, von
denen einige vegan sind und sogar ein paar ganz ohne Kochen auskommen.

Gemüsenudel-Wraps

ROHKOST ✦ VEGETARISCH

Diese Wraps sind ein schönes, leichtes Mittagessen und machen sich auch gut als Vorspeise (Sie können sie in Scheiben schneiden und auf einem Teller hübsch geschichtet anrichten). Wenn man sie in Kohlblätter statt in Salat rollt, lassen sie sich besser füllen und aufrollen, das geht fast so gut wie bei einem Burrito. Ich nehme für diese Wraps gerne Ranch Dressing, wenn Sie aber mehr Protein bevorzugen oder einen anderen Geschmack wünschen, können Sie stattdessen auch etwas Hummus verwenden.

2 BIS 4 PORTIONEN
VORBEREITUNGSZEIT 20 MINUTEN
MESSEREINSATZ D

2–4 große Kohlblätter, gewaschen und trocken getupft

1 Möhre, spiralisiert

1 Salatgurke, spiralisiert

1 Zucchini, spiralisiert

1 grüne oder rote Paprikaschote, spiralisiert

½ rote Zwiebel, spiralisiert

1 Avocado, in Scheiben geschnitten

60 g Sprossen (optional)

2–4 EL Ranch Dressing (wenn möglich, selbstgemacht)

Salz

Schwarzer Pfeffer, frisch gemahlen

1. Die Kohlblätter auf einer flachen Arbeitsfläche auslegen und den harten Teil des Strunks herausschneiden.
2. Auf den Blättern die Möhren, Gurken, Zucchini, Paprika, Zwiebel, Avocado und Sprossen (wenn verwendet) gleichmäßig verteilen. Mit dem Ranch Dressing beträufeln und mit Salz und Pfeffer würzen. Jedes Blatt wie einen Burrito rollen, dabei die Seiten einschlagen. Mit Zahnstochern befestigen und wenn gewünscht halb durchschneiden.
Direkt servieren.

Tipp *Wenn Sie kein Vegetarier sind, können Sie etwas geräucherte Putenbrust oder Schinken dazugeben, um mehr Eiweiß zu erhalten. Um die Wraps Paleo und milchfrei zu machen, sollten Sie ein milchfreies Dressing verwenden.*

PRO PORTION
Kalorien **288** / gesättigte Fettsäuren **4 g** / Fett gesamt **20 g** / Eiweiß **6 g** / Kohlenhydrate **27 g** / Ballaststoffe **11 g** / Natrium **289 mg**

Kalte Erdnussnudeln

ROHKOST ✴ ONE-POT ✴ VEGAN

Wenn Sie meinen Blog verfolgen oder schon mal durch eines meiner anderen Kochbücher ge-blättert haben, wissen Sie, dass ich asiatisches Essen liebe, vor allem aber Pad Thai. Für dieses eine Gericht mogle ich schon mal bei meiner Ernährung, aber diese kalte Erdnussnudel-Variante schafft es, mich davon abzuhalten, mir beim Thai etwas zu holen, wenn mich der Heißhunger überkommt. Bei diesem Salat werden Sie das Gefühl haben, Nudeln zu essen, deswegen können Sie ihn jedes Mal genießen, wenn Sie von Nudeln mit Erdnusssoße träumen.

2 BIS 4 PORTIONEN
VORBEREITUNGSZEIT 10 MINUTEN
MESSEREINSATZ C

85 g cremige Erdnussbutter

60 ml glutenfreie Sojasoße

2 EL Reisessig

Salz

Schwarzer Pfeffer, frisch gemahlen

2 große Zucchini, spiralisiert

2 oder 3 Möhren, spiralisiert

½ rote Paprikaschote, spiralisiert

2 oder 3 Frühlingszwiebeln, gehackt

5 g frischer Koriander, gehackt

2–3 EL Erdnüsse, gehackt (optional)

PRO PORTION
Kalorien **369** / gesättigte Fettsäuren **5 g** / Fett gesamt **22 g** / Eiweiß **17 g** / Kohlenhydrate **31 g** / Ballaststoffe **8 g** / Natrium **1.970 mg**

1. Die Erdnussbutter mit der Sojasoße und dem Essig in einer großen Schüssel verrühren und mit Salz und Pfeffer würzen. Dabei gründlich rühren, bis eine ganz glatte Masse entsteht. (Wenn es Ihnen egal ist, ob dies ein One-Pot-Gericht wird, können Sie die Soße sogar mit einem Pürierstab mixen und dann über das Gemüse gießen.)

2. Zucchini-, Möhren- und Paprikanudeln zum Dressing geben. Gut miteinander vermischen. Frühlingszwiebeln daraufgeben und noch einmal umrühren.

3. Mit Koriander und gehackten Erdnüssen (wenn ver-wendet) bestreut servieren.

Tipp Dieses Gericht wird Paleo, wenn Sie die Erdnuss-butter durch Mandelbutter und die gehackten Erdnüsse durch gehackte Mandeln ersetzen.

Kalte Sesamnudeln

ROHKOST ∗ ONE-POT ∗ VEGAN

Diese kalten Nudeln sind eine meiner Leibspeisen im Sommer. Sie sind richtig schnell fertig, ich brauche nur 10 Minuten oder weniger dafür. Ich liebe den Crunch von Gurkennudeln – ich glaube sogar, dass Gurken mein Lieblingsspiralgemüse sind. Außerdem mag ich Gerichte, die in einer einzigen Schüssel zubereitet werden können, kurz umgerührt und dann mit Stäbchen gegessen werden. Daher steht dieses Gericht ganz oben auf meiner Favoritenliste.

2 BIS 4 PORTIONEN
VORBEREITUNGSZEIT 10 MINUTEN
MESSEREINSATZ B

2 Salatgurken, spiralisiert

225 g Tofu, extra fest, in ca. 2,5 cm große Würfel geschnitten

60 ml glutenfreie Sojasoße

2–3 EL Sesamöl

2 EL Reisessig

1 Knoblauchzehe, fein gehackt

Frühlingszwiebeln, gehackt, zum Anrichten

Sesamkerne, zum Anrichten (optional)

1. Die Gurkennudeln mit dem Tofu in einer großen Schüssel mischen.

2. Sojasoße, Sesamöl, Reisessig und Knoblauch dazugeben und alles gut miteinander verrühren.

3. In Salatschüsseln füllen, mit Frühlingszwiebeln und Sesamkernen bestreuen (wenn verwendet) und servieren.

Tipp *Fügen Sie dem Rezept 250 g gegarte und abgekühlte Garnelen hinzu, wenn Sie sich nicht vegetarisch oder vegan ernähren.*

PRO PORTION
Kalorien **358** / gesättigte Fettsäuren **4 g** / Fett gesamt **27 g** / Eiweiß **15 g** / Kohlenhydrate **16 g** / Ballaststoffe **2 g** / Natrium **1.812 mg**

Zucchininudeln mit veganer Avocadocreme-Soße

5 ZUTATEN * ROHKOST * KETOGEN * PALEO * VEGAN

Diese vegane Avocadocreme-Soße schmeckt zu fast allem fantastisch, ich mag sie aber besonders gerne als schnelles veganes Mittagessen oder als Beilage über rohen Zucchininudeln. Die Soße lässt sich mit dem Mixer vorbereiten und im Kühlschrank einen Tag lang aufheben, oder man macht sie einfach dann, wenn man sie braucht.

2 BIS 4 PORTIONEN
VORBEREITUNGSZEIT 15 MINUTEN
MESSEREINSATZ C

1 große, reife Avocado, halbiert

60 ml Kokosmilch, Vollfett

2 EL Olivenöl

Saft von 1 Limette

¼ TL Cayennepfeffer (optional)

Salz

Schwarzer Pfeffer, frisch gemahlen

2 oder 3 große Zucchini, spiralisiert

PRO PORTION
Kalorien **447** / gesättigte
Fettsäuren **13 g** / Fett
gesamt **41 g** / Eiweiß **6 g** /
Kohlenhydrate **22 g** /
Ballaststoffe **11 g** /
Natrium **118 mg**

1. Mit einem Standmixer die Avocado, Kokosmilch, Olivenöl, Limettensaft und Cayennepfeffer (wenn verwendet) pürieren, bis eine glatte Crème entsteht. Mit Salz und Pfeffer abschmecken.

2. Die Zucchininudeln in einer großen Schüssel mit so viel Avocadocreme wie gewünscht gut verrühren und direkt servieren.

Tipp *Dieses Gericht wird noch köstlicher, wenn Sie noch einen Spritzer frischen Limettensaft darüber geben oder etwas frisch gehackten Koriander darüber streuen. Wenn Sie nicht auf die Kohlenhydrate achten, sollten Sie diese Soße einmal über rohen Möhrennudeln oder gedünsteten Kartoffelnudeln probieren, das ist zwar nicht ketogen, aber immer noch Paleo.*

Kartoffelnudeln mit Pilzen und Salbei

ONE-POT * VEGETARISCH

Ich habe dieses Rezept im letzten Herbst zum ersten Mal gemacht, und es wurde schnell zu einem meiner Lieblingsrezepte. Kartoffelnudeln sind so unglaublich wohltuend – sie verbinden die stärkehaltige Qualität von Gnocchis mit der Konsistenz traditioneller Pasta, und das ganz ohne Getreide. In einer strikten Paleo-Ernährung sind Kartoffeln nicht enthalten, doch bei einer Whole30-Diät sind sie erlaubt, sofern man sie selbst zubereitet und keine Öle, die nicht Paleo sind, oder Lebensmittelzusatzstoffe verwendet. Dieses Rezept ist perfekt für die Tage geeignet, an denen Sie sich etwas gönnen möchten, ohne sich dabei von Ihrer Diät zu entfernen.

2 PORTIONEN
VORBEREITUNGSZEIT 5 MINUTEN
KOCHZEIT 20 MINUTEN
MESSEREINSATZ D

3 EL Bio-Butter, aufgeteilt

1 EL Olivenöl

225–285 g Champignons, in Scheiben

2 oder 3 Knoblauchzehen, fein gehackt

3 frische Salbeiblätter, gehackt

Salz

Schwarzer Pfeffer, frisch gemahlen

1 große mehlig kochende Kartoffel, geschält und spiralisiert

360 ml Wasser oder Brühe

Parmesan, gerieben, zum Anrichten (optional)

PRO PORTION
Kalorien **323** / gesättigte Fettsäuren **12 g** / Fett gesamt **25 g** / Eiweiß **6 g** / Kohlenhydrate **22 g** / Ballaststoffe **3 g** / Natrium **215 mg**

1. 2 Esslöffel der Butter mit dem Olivenöl in einer großen Pfanne bei mittlerer Temperatur erhitzen. Die Pilze in die Pfanne geben und umrühren, dann den Knoblauch hinzufügen. Die Pilze ausbreiten, sodass sie alle Kontakt zum Pfannenboden haben. So lange braten, bis sie gebräunt sind, 6 bis 8 Minuten, dabei gelegentlich umrühren.

2. Die Salbeiblätter dazugeben und mit Salz und Pfeffer würzen. Alles gut miteinander verrühren. Dann die Pilzmischung aus der Pfanne nehmen und zur Seite stellen.

3. Die Kartoffelnudeln mit dem restlichen Esslöffel Butter in die Pfanne geben. 5 bis 7 Minuten garen, danach das Wasser bzw. die Brühe zugießen. Die Temperatur auf mittlere bis niedrige Stufe reduzieren, umrühren. Mit Salz und Pfeffer abschmecken und 2 bis 3 Minuten köcheln lassen.

4. Zum Anrichten die Kartoffelnudeln in Schüsseln füllen, darauf die Pilze geben und mit Parmesan bestreuen (wenn verwendet).

Tipp Dieses Rezept wird Low Carb, ketogen und Paleo, wenn Sie spiralisierten Sommerkürbis statt der Kartoffel verwenden und den Käse weglassen. Befolgen Sie das Rezept wie oben beschrieben, kochen die Kürbisnudeln aber nur 3 bis 4 Minuten, bis sie zart sind.

Gemüsenudelsalat mit Ziegenkäse, Mandeln und Cranberrys

ROHKOST ✦ ONE-POT ✦ VEGETARISCH

Dieser Salat passt ganz wunderbar in den Herbst – Sommerkürbis sieht wunderschön aus, wenn er mit der Bandnudel-Klinge spiralisiert wird und schmeckt hervorragend mit dem herben Ziegenkäse, den knackigen Mandeln und den getrockneten Cranberrys. Wenn Sie ihn zur nächsten Party mitbringen, wird Sie garantiert jeder nach dem Rezept fragen.

2 BIS 4 PORTIONEN
VORBEREITUNGSZEIT 15 MINUTEN
MESSEREINSATZ A UND D

120 ml Olivenöl

60 ml Balsamico-Essig

1 EL Dijon-Senf

1 Knoblauchzehe, fein gehackt

Salz

Schwarzer Pfeffer, frisch gemahlen

2 oder 3 Sommerkürbisse, spiralisiert

2 oder 3 Möhren, spiralisiert (mit Klinge D)

170 g Ziegenkäse, zerkrümelt

30 g getrocknete, ungesüßte Cranberrys

25 g Mandelblättchen, zum Anrichten

1. Olivenöl, Essig, Dijon-Senf und Knoblauch in einer großen Schüssel miteinander verrühren. So lange rühren, bis alles gut verbunden ist und eine glatte Creme entsteht, dann mit Salz und Pfeffer würzen.

2. Die Kürbis- und Möhrennudeln dazugeben und alles gut verrühren. Den Ziegenkäse und die Cranberrys beigeben und kurz unterrühren. Mit den Mandelblättchen bestreuen und direkt servieren.

Tipp Lassen Sie den Ziegenkäse weg, wenn Sie keine Milchprodukte essen oder sich Paleo ernähren.

PRO PORTION
Kalorien **842** / gesättigte Fettsäuren **18 g** / Fett gesamt **72 g** / Eiweiß **16 g** / Kohlenhydrate **23 g** / Ballaststoffe **7 g** / Natrium **575 mg**

Zitronen-Knoblauch-Zucchininudeln

5 ZUTATEN ✳ ROHKOST ✳ PALEO ✳ VEGAN

Ich hätte nie geglaubt, dass ich ein Gemüse wie Zucchini jemals roh essen würde. Das änderte sich, als ich zu spiralisieren begann – wenn ich Zucchini in Nudelform bringe, finde ich sie sehr ansprechend. Das Spiralisieren geht nicht nur schnell und einfach, sondern bewirkt auch, dass die Zucchini fest wie normale Pasta bleiben. Mit einer guten Vinaigrette oder Soße schmecken die Zoodles dann richtig gut, daher hier mein Vorschlag für das Zitronen-Knoblauch-Dressing.

2 BIS 4 PORTIONEN
VORBEREITUNGSZEIT 10 MINUTEN
MESSEREINSATZ D

Saft von 1 großen Zitrone
1 Knoblauchzehe, sehr fein gehackt
60 – 120 ml Olivenöl
Salz
Schwarzer Pfeffer, frisch gemahlen
2 große Zucchini, spiralisiert

PRO PORTION
Kalorien **466** / gesättigte Fettsäuren **7 g** / Fett gesamt **51 g** / Eiweiß **3 g** / Kohlenhydrate **7 g** / Ballaststoffe **2 g** / Natrium **97 mg**

1. Zitronensaft und Knoblauch in einer großen Schüssel miteinander verrühren. Das Olivenöl langsam einlaufen lassen, dabei stetig weiterrühren. Mit Salz und Pfeffer abschmecken.
2. Die Zucchininudeln in die Schüssel geben und alles gut miteinander vermischen. Direkt servieren oder im Kühlschrank bis zum Servieren einige Stunden kalt stellen.

Tipp Sie können aus diesem Rezept ein ketogenes Hauptgericht machen, wenn Sie gebratene Garnelen dazugeben.

Griechischer Nudelsalat

ROHKOST ✳ ONE-POT ✳ KETOGEN ✳ VEGETARISCH

Ich habe mir nie wirklich über solche Dinge wie Nudelsalat Gedanken gemacht. Ungefähr ein Jahr, nachdem ich beschlossen hatte, auf Getreide zu verzichten, brachte eine Freundin einen getreide-freien Nudelsalat zum Strand mit, und ich konnte es kaum fassen, wie gut er aussah. Dies ist eine gemüsereiche Variante des griechischen Nudelsalats, mit dem Sie schnell, einfach und super lecker Gemüsenudeln in Ihren Speiseplan aufnehmen können. Da diese Nudeln nicht gekocht werden, sind sie auch noch in wenigen Minuten fertig.

4 PORTIONEN
VORBEREITUNGSZEIT 20 MINUTEN
MESSEREINSATZ A

120 ml Olivenöl

60 ml Rotweinessig

1 Knoblauchzehe, fein gehackt

1 EL getrockneter Oregano

Salz

Schwarzer Pfeffer, frisch gemahlen

2 große Zucchini, spiralisiert

100 g Cherrytomaten, halbiert

½ rote Zwiebel, gehackt (oder mit Klinge D spiralisiert, danach grob gehackt)

½ rote Paprikaschote, spiralisiert

½ grüne Paprikaschote, spiralisiert

½ Salatgurke, spiralisiert

75 g Feta, zerkrümelt

40 g schwarze Oliven, in Scheiben

1. Olivenöl, Essig, Knoblauch und Oregano in einer großen Schüssel miteinander verrühren, mit Salz und Pfeffer würzen.

2. Zucchini, Cherrytomaten, Zwiebel, rote und grüne Paprika und Gurke in die Schüssel geben und alles gut mit dem Dressing mischen. Den Feta und die Oliven dazugeben, dann noch einmal mit Salz und Pfeffer ab-schmecken.

3. Direkt servieren oder abgedeckt im Kühlschrank bis zum Servieren aufbewahren.

Tipp Das Rezept wird milchfrei und Paleo, wenn Sie den Feta weglassen. Soll es ketogen und milchfrei sein, können Sie etwas geschnittene Avocado hinzufügen. Reste des Salats lassen sich im Kühlschrank bis zu drei Tage lang aufheben.

PRO PORTION
Kalorien **323** / gesättigte
Fettsäuren **7 g** / Fett
gesamt **31 g** / Eiweiß **5 g** /
Kohlenhydrate **12 g** /
Ballaststoffe **3 g** /
Natrium **335 mg**

Zucchininudeln Pomodoro

Vielleicht bin ich im Herzen Kind geblieben, denn für mich gibt es nichts Besseres als Pasta mit einer einfachen und leckeren Tomatensoße. In diesem Rezept werden die traditionellen Spaghetti durch spiralisierte Zucchini ersetzt, doch die Tomatensoße ist genauso lecker, wie sie immer schon war.

2 BIS 4 PORTIONEN
VORBEREITUNGSZEIT 5 MINUTEN
KOCHZEIT 20 MINUTEN
MESSEREINSATZ D

2 EL Olivenöl

1 Zwiebel, gehackt

3 oder 4 Knoblauchzehen, fein gehackt

Salz

Schwarzer Pfeffer, frisch gemahlen

¼ TL rote Paprikaflocken (die Menge hängt vom gewünschten Schärfegrad ab)

800 ml passierte Tomaten (ohne Zucker- zusatz)

2 EL Bio-Butter

2 oder 3 große Zucchini, spiralisiert

25 g Parmesan, gerieben, zum Anrichten

frisches Basilikum, gehackt, zum Anrichten

PRO PORTION
Kalorien **387** / gesättigte Fettsäuren **12 g** / Fett gesamt **30 g** / Eiweiß **11 g** / Kohlenhydrate **27 g** / Ballaststoffe **7 g** / Natrium **667 mg**

1. Das Olivenöl in einem großen Topf bei mittlerer Temperatur erhitzen. Zwiebel und Knoblauch darin 2 bis 3 Minuten braten, bis der Knoblauch duftet und die Zwiebel weich wird. Mit Salz und Pfeffer würzen und die roten Paprikaflocken dazugeben.

2. Die Tomaten in den Topf gießen und gut mit den anderen Zutaten verrühren. (Wenn gewünscht, mit einem Pürierstab/Stabmixer die Soße pürieren, bis sie sämig ist.) Mit Salz und Pfeffer abschmecken. Die Temperatur reduzieren, sodass die Soße leicht simmert, und mindestens 10 Minuten köcheln lassen.

3. Ungefähr 5 Minuten vor dem Servieren die Butter in die Soße geben und verrühren, bis sie geschmolzen ist. Die Zucchininudeln dazugeben und alles miteinander vermischen. Weitere 2 bis 3 Minuten köcheln lassen, dann direkt mit dem darüber gestreuten Basilikum und Parmesan servieren.

Tipp Wenn Sie kein Vegetarier sind, können Sie noch Hackfleischbällchen in die Soße geben, um die Eiweißzufuhr zu erhöhen.

Cacio e Pepe

5 ZUTATEN ✶ ONE-POT ✶ KETOGEN ✶ VEGETARISCH

»Cacio e Pepe« bedeutet »Käse und Pfeffer« auf Italienisch, und genau das ist es auch – Pasta in einer wunderbar einfachen, pfefferigen Käsesoße. Mit Olivenöl, Butter und viel Pecorino Romano wird dies ein sehr üppiges Gericht, das Sie in weit weniger als 30 Minuten und mit nur wenigen Zutaten zubereiten können. Ich nehme hier gerne Sommerkürbisnudeln als Pasta-Ersatz, Sie können natürlich aber auch Zucchini oder jedes andere Gemüse, das sich spiralisieren lässt, verwenden.

2 BIS 4 PORTIONEN
VORBEREITUNGSZEIT 5 MINUTEN
KOCHZEIT 10 MINUTEN
MESSEREINSATZ C

60 ml Olivenöl

Viel schwarzer Pfeffer, frisch gemahlen (ganz nach Geschmack, aber weniger als 1 EL)

2 EL Bio-Butter

110 g Pecorino Romano, sehr fein gerieben, plus mehr zum Anrichten

3 oder 4 Sommerkürbisse, spiralisiert

Salz

PRO PORTION
Kalorien **600** / gesättigte Fettsäuren **21 g** / Fett gesamt **53 g** / Eiweiß **23 g** / Kohlenhydrate **15 g** / Ballaststoffe **4 g** / Natrium **878 mg**

1. Das Olivenöl in einer großen Pfanne bei mittlerer bis niedriger Temperatur erhitzen und darin den schwarzen Pfeffer anbraten, bis das Öl gerade so zu brutzeln beginnt, ca. 1 Minute.

2. Die Butter hinzufügen und stetig rühren, während sie schmilzt. Dann den Käse dazugeben, gut rühren, bis er geschmolzen und alles gut miteinander verbunden ist, ca. 5 Minuten – es soll eine glatte Soße ohne Klümpchen entstehen, die nicht ölig aussieht.

3. Die Kürbisnudeln dazugeben und 2 bis 3 Minuten garen lassen, bis sie zart sind.

4. Mit Salz und Pfeffer abschmecken, wenn gewünscht noch etwas Käse darüber streuen, und direkt servieren.

Tipp Eine nicht vegetarische Variante des Gerichts erhalten Sie, wenn Sie auf die Nudeln etwas Frühstücksspeck geben, das verleiht zusätzlichen Geschmack.

Gemüsepasta alla Norma

ONE-POT ✳ KETOGEN ✳ VEGETARISCH

Pasta alla Norma ist ein köstliches italienisches Nudelgericht mit Auberginen, Oregano, viel frischem Basilikum und angenehm salzigem Käse. Zucchini und Auberginen passen sehr gut zusammen, und ich persönlich esse die Kombination am liebsten mit gewürfelter Aubergine auf zarten Zucchininudeln – das macht viel mehr Spaß, als alles nur zu hacken und im Ofen zu garen, also so zuzubereiten, wie ich das früher immer gemacht habe, bevor ich das Spiralisieren für mich entdeckt habe.

2 BIS 4 PORTIONEN
VORBEREITUNGSZEIT 5 MINUTEN
KOCHZEIT 25 MINUTEN
MESSEREINSATZ B

60 ml Olivenöl

1 große Aubergine, in ca. 2,5 cm große Würfel geschnitten

Salz

Schwarzer Pfeffer, frisch gemahlen

3 Knoblauchzehen, fein gehackt

1 TL getrockneter Oregano

800 ml passierte Tomaten

2 oder 3 große Zucchini, spiralisiert

1 großer Bund frisches Basilikum, gehackt

170 g Parmesan, gerieben

PRO PORTION
Kalorien **617** / gesättigte Fettsäuren **16 g** / Fett gesamt **45 g** / Eiweiß **34 g** / Kohlenhydrate **30 g** / Ballaststoffe **12 g** / Natrium **997 mg**

1. Das Olivenöl in einer großen Pfanne bei mittlerer bis hoher Temperatur erhitzen. Darin die Auberginen bräunen (eventuell in zwei Durchgängen arbeiten, da die Pfanne sonst zu voll wird), gelegentlich wenden, sodass alle Seiten gut gebräunt werden, 5 bis 7 Minuten. Großzügig mit Salz und Pfeffer würzen, dann Knoblauch und Oregano zugeben.

2. Die Tomaten in die Pfanne gießen und zum Köcheln bringen, die Temperatur auf niedrig bis mittel reduzieren und 10 bis 15 Minuten köcheln lassen.

3. Die Zucchininudeln dazugeben und 3 bis 4 Minuten in der Soße garen lassen.

4. Erneut mit Salz und Pfeffer abschmecken. Zum Anrichten mit dem Basilikum und Parmesan bestreuen.

Tipp *Geben Sie 500 g Hackfleisch zu diesem Rezept und lassen den Käse weg, damit es Paleo wird. Braten Sie das Hackfleisch nach den Auberginen mit etwas zusätzlichem Knoblauch und Olivenöl ca. 5 bis 7 Minuten, bis es gut gebräunt ist.*

Fettuccine Alfredo

5 ZUTATEN ✦ KETOGEN ✦ VEGETARISCH

Fettuccine Alfredo haben etwas ungemein Beruhigendes – sie erinnern mich immer an meine schönen Kindheitstage. Zuhause lassen sie sich ganz einfach selbst kochen, und wenn man die normale Pasta durch Gemüsenudeln ersetzt, kann man ordentlich zulangen, ohne zu viele Kohlenhydrate zu sich zu nehmen. Bei diesem Rezept müssen Sie sich die Zeit nehmen, die Zucchininudeln zu salzen, damit sie die wunderbar käsige Soße nicht verwässern.

2 BIS 4 PORTIONEN
VORBEREITUNGSZEIT 20 MINUTEN
KOCHZEIT 10 MINUTEN
MESSEREINSATZ B

2 oder 3 große Zucchini, spiralisiert

2–3 EL Salz

4 EL Bio-Butter

250 g Crème double

1 Knoblauchzehe, fein gehackt

150 g Parmesan, gerieben, plus mehr zum Anrichten

Salz

Schwarzer Pfeffer, frisch gemahlen

PRO PORTION
Kalorien **937** / gesättigte Fettsäuren **54 g** / Fett gesamt **86 g** / Eiweiß **34 g** / Kohlenhydrate **17 g** / Ballaststoffe **3 g** / Natrium 2.**191 mg**

1. Die Zucchininudeln in ein Sieb geben und mit dem Salz bestreuen. Gut 20 Minuten abtropfen lassen.

2. Die Butter in einem großen Topf bei mittlerer bis niedriger Temperatur schmelzen. Dann die Crème double dazugeben und 3 bis 5 Minuten köcheln lassen.

3. Knoblauch und Parmesan hinzufügen und gut verrühren. Mit Salz und Pfeffer würzen.

4. Die Zucchininudeln abspülen, gut abtropfen lassen und trockentupfen. Die Nudeln in die Soße geben und 2 bis 3 Minuten garen lassen, bis sie gerade bissfest sind.

5. Heiß servieren, wenn gewünscht mit weiterem Parmesan bestreuen.

Tipp *Geben Sie 250 g Hühnerbrust in Stückchen zu diesem Rezept, so wird es ketogen statt vegetarisch.*

Gemüsenudel Primavera

ONE-POT ✳ VEGETARISCH

Genau so mag ich mein Essen am liebsten – richtig viel Gemüse, das meiste davon spiralisiert, was mir das Gefühl gibt, echte Nudeln zu essen. Wenn man das Gemüse erst einmal vorbereitet und spiralisiert hat, ist dieses Gericht in weniger als 10 Minuten zubereitet. Ich mag es, wenn es nur ganz kurz angedünstet ist, sodass das Gemüse noch Biss hat.

4 BIS 6 PORTIONEN
VORBEREITUNGSZEIT 15 MINUTEN
KOCHZEIT 10 MINUTEN
MESSEREINSATZ C ODER D

60 ml Olivenöl

4 Knoblauchzehen, in dünnen Scheiben

3 Möhren, spiralisiert oder in dünnen Scheiben

1 rote Paprikaschote, spiralisiert oder in dünnen Scheiben

100 g Brokkoliröschen

100 g Cherrytomaten, halbiert

Salz

Schwarzer Pfeffer, frisch gemahlen

1 große Zucchini, spiralisiert

2 Sommerkürbisse, spiralisiert

¼ TL rote Paprikaflocken

12 g frisches Basilikum, gehackt

25 g Parmesan, gerieben (optional)

PRO PORTION
Kalorien **170** / gesättigte Fettsäuren **2 g** / Fett gesamt **13 g** / Eiweiß **3 g** / Kohlenhydrate **14 g** / Ballaststoffe **4 g** / Natrium **100 mg**

1. Das Olivenöl in einer großen Pfanne bei mittlerer bis hoher Temperatur erhitzen. Den Knoblauch darin 1 bis 2 Minuten braten, bis er duftet. Möhren- und Paprikanudeln, Brokkoli und Cherrytomaten zugeben und sanft umrühren. Ca. 3 bis 4 Minuten dünsten lassen, bis die Nudeln beginnen weich zu werden. Mit Salz und Pfeffer würzen.

2. Jetzt die Zucchini- und Kürbisnudeln mit in die Pfanne geben und alles miteinander verrühren. Weitere 3 bis 4 Minuten garen. Die roten Paprikaflocken hinzugeben und nochmals mit Salz und Pfeffer abschmecken.

3. Vom Herd nehmen. Basilikum und Parmesan (wenn verwendet) darüber streuen, noch einmal umrühren und servieren.

Tipp Wenn Sie sich nicht vegetarisch ernähren, können Sie das Gericht mit einer Fleischzugabe ergänzen – ca. 500 g Hühnerbrust, in Stücke geschnitten, passt gut dazu (Sie können das Huhn in der Pfanne braten, bevor Sie das Gemüse hineingeben oder einfach vor dem Servieren schon gegarte Hühnerbrust unterrühren).

Zitronige Brokkolinudeln mit gerösteter Paprika

5 ZUTATEN * ONE-POT * PALEO * VEGAN

Ich spiralisiere Brokkoli unglaublich gerne – man nimmt hierzu den Stiel, weshalb ich immer das Gefühl habe, eine neue Gemüseart zu verwenden, weil ich diesen Teil bisher immer weggeworfen habe. Ich verwende in diesem pikanten und schmackhaften Rezept mit der zitronigen Soße und den köstlichen gerösteten roten Paprikaschoten gerne sowohl die Brokkoliröschen als auch den Stiel.

2 BIS 4 PORTIONEN
VORBEREITUNGSZEIT 5 MINUTEN
KOCHZEIT 15 MINUTEN
MESSEREINSATZ D

1 Knoblauchzehe, gehackt

60 ml Olivenöl

2 Köpfe Brokkoli, Röschen abgetrennt, Stiele spiralisiert

170 g geröstete rote Paprika in Öl, abgetropft und klein gehackt

Salz

Schwarzer Pfeffer, frisch gemahlen

Saft von 1 großen Zitrone

PRO PORTION
Kalorien **364** / gesättigte Fettsäuren **4 g** / Fett gesamt **27 g** / Eiweiß **11 g** / Kohlenhydrate **29 g** / Ballaststoffe **10 g** / Natrium **288 mg**

1. Den Knoblauch in einer großen Pfanne bei mittlerer Temperatur ca. 2 Minuten in dem Olivenöl braten, bis er duftet. Die Temperatur dann auf mittel bis hoch drehen, die Brokkoliröschen zugeben, mit dem Knoblauch mischen und 5 Minuten weiter garen.

2. Die Brokkolinudeln dazugeben und weitere 6 bis 7 Minuten dünsten, bis sie bissfest sind. Die geröstete Paprika hineingeben und unterrühren.

3. Alles mit Salz und Pfeffer abschmecken, vom Herd nehmen und den Zitronensaft unterrühren. Direkt servieren.

Tipp Dieses Rezept wird ketogen, wenn Sie statt des Zitronensafts 125 g Crème double verwenden. Streuen Sie 60 g geriebenen Cheddar oder Mozzarella darüber.

Vegane Gemüsenudel-Käse-Makkaroni

5 ZUTATEN ✴ PALEO ✴ VEGAN

Während ich dieses Buch geschrieben habe, habe ich bei Facebook gefragt, welches Gericht sich die Leute in einer gesünderen Version wünschen würden, und die häufigste Antwort war Käse-Makkaroni. Das kann ich gut verstehen – sie sind ein leckeres Wohlfühlgericht und leicht zuzubereiten, und es dürfte kaum jemanden geben, der sie nicht mag. In diesem Rezept werden Gemüsenudeln statt Pasta und Cashewkerne statt Käse verwendet, daher werden Sie hoffentlich etwas darin finden, das Sie mögen, ob Sie sich nun Low Carb, Paleo, vegan oder mit einer gemischten Diät ernähren.

2 ODER 3 PORTIONEN
VORBEREITUNGSZEIT 5 MINUTEN
KOCHZEIT 20 MINUTEN
MESSEREINSATZ B

100 g rohe Cashewkerne
500 ml Mandelmilch
2 EL Olivenöl
15 g Nährhefe
2 TL Zwiebelpulver
2 TL Knoblauchpulver
Salz
Schwarzer Pfeffer, frisch gemahlen
2 große Zucchini, spiralisiert

PRO PORTION
Kalorien **655** / gesättigte Fettsäuren **6 g** / Fett gesamt **45 g** / Eiweiß **30 g** / Kohlenhydrate **42 g** / Ballaststoffe **14 g** / Natrium **295 mg**

1. Die Cashewkerne in der Küchenmaschine oder dem Multi-Zerkleinerer zu Pulver zerkleinern – aber aufhören, bevor sie zu Cashewbutter werden. Das Cashewpulver mit der Mandelmilch und dem Olivenöl in einem Topf bei mittlerer bis hoher Temperatur erhitzen und 8 bis 10 Minuten unter Rühren köcheln lassen, bis alles gut miteinander verbunden ist.

2. Die Nährhefe unterrühren, Zwiebel- und Knoblauchpulver dazugeben. Mit Salz und Pfeffer würzen. Auf niedrige Temperatur reduzieren und weitere 8 bis 10 Minuten köcheln lassen, oder so lange, bis die Masse leicht eingedickt ist.

3. Einige Minuten vor dem Servieren die Zucchininudeln dazugeben und gut verrühren. Direkt servieren.

Tipp Eine noch besser eingedickte Version veganer Käse-Makkaroni erhalten Sie, wenn Sie Kartoffelnudeln statt Zucchininudeln verwenden.

Pizza mit Kartoffelboden

VEGETARISCH

Ich esse so gerne Pizza, mache mir aber immer wegen des Glutens Gedanken. Dabei versuche ich es zu vermeiden, viel Geld für glutenfreie Pizzaböden auszugeben, also mache ich zuhause gerne den Pizzaboden mit spiralisierten Kartoffeln. Das ist nicht nur glutenfrei, sondern auch getreidefrei und somit Paleo (außer dem Käse, den Sie aber auch weglassen können, wenn Sie mögen). Den Pizzabelag können Sie so gestalten, wie Sie ihn am liebsten mögen, ich bevorzuge Pizzasoße, Mozzarella und Pilze oder Peperoni. So lecker!

4 PORTIONEN
VORBEREITUNGSZEIT 5 MINUTEN
KOCHZEIT 25 MINUTEN
MESSEREINSATZ D

2 EL Olivenöl, aufgeteilt

2 Kartoffeln, geschält und spiralisiert

Salz

Schwarzer Pfeffer, frisch gemahlen

2 Eier, Größe L, verquirlt

2 EL Knoblauchpulver

1 EL getrockneter Oregano

250 ml Pizzasoße (ohne Zuckerzusatz)

120 g Mozzarella, gerieben

PRO PORTION
Kalorien 242 / gesättigte Fettsäuren 3 g / Fett gesamt 11 g / Eiweiß 9 g / Kohlenhydrate 28 g / Ballaststoffe 5 g / Natrium 356 mg

1. 1 EL Olivenöl in einer ofenfesten Pfanne bei mittlerer bis hoher Temperatur erhitzen, darin die Kartoffelnudeln 3 bis 4 Minuten dünsten, bis sie weich sind. Mit Salz und Pfeffer würzen und vom Herd nehmen.
2. Die Nudeln in eine große Schüssel umfüllen und etwas abkühlen lassen. Dann die Eier, Knoblauchpulver und Oregano zufügen, gut miteinander verrühren und die Mischung in eine nicht haftende und für den Ofen geeignete Pfanne geben. Gut festdrücken, damit aus den Nudeln ein Boden entsteht, der so dünn wie möglich ist. (Dazu können Sie ein Stück Backpapier verwenden.)
3. Die Grillstufe des Ofens vorheizen.

4. Die Pfanne bei mittlerer bis hoher Temperatur auf den Herd stellen und den Boden von einer Seite 5 bis 7 Minuten braten, bis die Unterseite leicht gebräunt ist. Diesen dann auf einen großen Teller gleiten lassen, den restlichen Esslöffel Olivenöl in die Pfanne geben, den Teller umdrehen und den Boden mit der anderen Seite nach unten in die Pfanne geben. Weitere 5 bis 7 Minuten braten, bis auch die zweite Seite leicht gebräunt ist.

5. Soße und Mozzarella auf den Pizzaboden geben, dann unter den Grill schieben und so lange grillen, bis der Käse geschmolzen ist und die Ränder des Kartoffelbodens schön braun geworden sind, 4 bis 5 Minuten.

6. In vier Stücke schneiden und direkt servieren.

Tipp Peppen Sie die Pizza mit Peperoni auf oder belegen sie als Fleischzugabe zusätzlich mit Salami. Die Pizza wird Paleo, milchfrei und vegan, wenn Sie den Mozzarella weglassen.

HAUPTGERICHTE MIT FISCH UND MEERESFRÜCHTEN

Ich habe lange Zeit zuhause keinen Fisch oder Meeresfürchte zubereitet – weil ich es mir nicht zugetraut habe und Angst davor hatte, die ganze Wohnung würde dann nach Fisch riechen. Als ich aber begann, mit Fisch und Meeresfrüchten zu experimentieren und in unseren Speiseplan aufzunehmen, stellte ich fest, dass meine Ängste unbegründet gewesen waren. Es gibt so viele einfache Rezepte und man kann bei Fisch eigentlich gar nichts falsch machen – die meisten Sorten sind schnell und mühelos zubereitet. Und wenn Sie frischen Fisch von hoher Qualität verwenden, müssen Sie sich auch über den Geruch keine Gedanken machen. Ich hoffe, dass Sie diese Rezepte dazu ermuntern werden, beim Kochen für sich und Ihre Familie mehr Fisch und Meeresfrüchte einzusetzen.

Gelbflossen-Thunfisch-Steak
an kalten Gurkennudeln

5 ZUTATEN ✦ MILCHFREI ✦ KETOGEN ✦ PALEO

Ich bereite gerne Gelbflossen-Thun zu, weil es ein einfach zu kochendes Protein ist und nicht viel Zeit in Anspruch nimmt – er schmeckt roh oder medium-rare sogar am besten. Wenn Sie den Fisch nicht oder nicht ganz durchgaren möchten, sollten Sie sicherstellen, gute Qualität zu kaufen. Diese gebratenen Thunfisch-Steaks schmecken sehr gut zu Gurkennudeln mit einem leichten Dressing – das Duo aus Sesamöl und Reisessig ist eine lebhafte und erfrischende Kombination.

2 BIS 4 PORTIONEN
VORBEREITUNGSZEIT 10 MINUTEN
KOCHZEIT 5 MINUTEN
MESSEREINSATZ C

2 Gelbflossen-Thun-Steaks (à ca. 170 g)

Salz

Schwarzer Pfeffer, frisch gemahlen

2 EL Olivenöl

2 große Salatgurken, gekühlt und spiralisiert

3 EL Sesamöl

2 EL Reisessig

Sesamkerne, zum Anrichten

PRO PORTION
Kalorien **512** / gesättigte
Fettsäuren **5 g** / Fett
gesamt **36 g** / Eiweiß **36 g** /
Kohlenhydrate **11 g** /
Ballaststoffe **2 g** /
Natrium **136 mg**

1. Die Thunfisch-Steaks großzügig mit Salz und Pfeffer würzen.

2. Das Olivenöl in einer großen Pfanne bei mittlerer Temperatur erhitzen. Den Fisch darin 2 bis 3 Minuten pro Seite braten, bis er braun und knusprig ist.

3. Die Gurkennudeln in einer großen Schüssel mit dem Sesamöl und dem Reisessig verrühren und mit Salz und Pfeffer abschmecken.

4. Zum Anrichten die Gurkennudeln in tiefe Teller geben, den Fisch in Scheiben schneiden und auf die Nudeln geben. Mit Sesamkernen bestreuen und direkt servieren.

Tipp Dieses Rezept wird noch ketogener, wenn Sie etwas gewürfelte Avocado dazugeben.

Avocado-Krebs-Salat mit Gurkennudeln

ROHKOST ∗ MILCHFREI ∗ KETOGEN ∗ PALEO

Avocado und Krebse passen richtig gut zusammen, und wenn Sie es eilig haben, können Sie sogar Krebsfleisch aus der Dose verwenden – was sehr einfach ist (und etwas preisgünstiger). Natürlich können Sie auch frisches Krebsfleisch an der Fischtheke Ihres Lebensmittelgeschäfts kaufen – das liegt ganz an Ihnen. Dieser Salat ist leicht und frisch und schmeckt mit den Gurkennudeln fantastisch. Außerdem ist er die perfekte Wahl für ein schnelles und gesundes Mittagessen.

2 BIS 4 PORTIONEN
VORBEREITUNGSZEIT 15 MINUTEN
MESSEREINSATZ C

225–285 g gekochtes Krebsfleisch
2 große Avocados, gewürfelt
Salz
Schwarzer Pfeffer, frisch gemahlen
2 oder 3 große Salatgurken, spiralisiert
60 ml Olivenöl
Saft von 1 großen Zitrone
1 Knoblauchzehe, fein gehackt
2 oder 3 Frühlingszwiebeln, gehackt

PRO PORTION
Kalorien **835** / gesättigte
Fettsäuren **12 g** / Fett
gesamt **68 g** / Eiweiß **25 g** /
Kohlenhydrate **39 g** /
Ballaststoffe **16 g** /
Natrium **998 mg**

1. Das Krebsfleisch mit der Avocado in einer mittelgroßen Schüssel sanft miteinander mischen (dabei nicht die Avocado zerquetschen) und mit Salz und Pfeffer würzen.

2. Die Gurkennudeln in einer großen Schüssel mit dem Olivenöl, dem Zitronensaft und dem Knoblauch verrühren. Mit Salz und Pfeffer abschmecken und die Frühlingszwiebeln dazugeben.

3. Noch einmal kurz durchrühren und dann in Servierschüsseln umfüllen. Die Krebs-Avocado-Mischung darüber geben und sofort genießen.

Tipp Wenn Sie kein Krebsfleisch verwenden möchten, können Sie auch gekochte Shrimps kaufen.

Thai-Nudelsalat mit Meeresfrüchten

ROHKOST ∗ ONE-POT ∗ MILCHFREI ∗ PALEO

In diesem schnellen Salat werden vorgekochte Shrimps mit viel spiralisiertem Gemüse und einer pikant scharfen Thai-Vinaigrette kombiniert. Er schmeckt einzeln als leichtes Mittagessen gut, aber auch als Beilage zu einer größeren Mahlzeit. Die traditionellen Reisnudeln durch Gemüsenudeln zu ersetzen, macht ein sehr nährstoffreiches und kohlenhydratarmes Gericht aus dem Salat.

2 BIS 4 PORTIONEN
VORBEREITUNGSZEIT 15 MINUTEN
MESSEREINSATZ B

Saft von 2–3 Limetten

3 EL Coconut Aminos (oder glutenfreie Sojasoße)

1–2 EL Chili-Knoblauch-Soße (bei Bedarf mehr)

1 EL Fischsoße

1 TL Sesamöl

2 Knoblauchzehen, fein gehackt

1 große Zucchini, spiralisiert

2 Möhren, spiralisiert

1 grüne Paprikaschote, spiralisiert

1 rote Paprikaschote, spiralisiert

250 g gekochte Shrimps, ohne Schale, entdarmt

12 g frisches Basilikum, gehackt

12 g frischer Koriander, gehackt

25 g Mandeln, grob gehackt

1. Limettensaft, Coconut Aminos, Chili-Knoblauch-Soße, Fischsoße, Sesamöl und Knoblauch in eine große Schüssel geben. Gut miteinander verrühren.

2. Zucchini-, Möhren- und Paprikanudeln sowie die Shrimps zu dem Dressing in die Schüssel geben. Alles gut miteinander vermischen.

3. Basilikum, Koriander und Mandeln unterrühren, dann auf Teller oder in Schüsseln füllen und direkt servieren.

Tipp Wenn Sie keinen Wert darauf legen, dass das Rezept Paleo ist, ersetzen Sie die Mandeln durch Erdnüsse.

PRO PORTION
Kalorien 323 / gesättigte Fettsäuren 1 g / Fett gesamt 11 g / Eiweiß 32 g / Kohlenhydrate 26 g / Ballaststoffe 6 g / Natrium 1.454 mg

Kalter Gemüserubelsalat mit Spargel und Shrimps

Shrimps, Spargel und frische Zitrone kommen hier zu einem perfekten Frühlingsgericht zusammen. Da fertig gekochte Shrimps verwendet werden, kann dieses einfache Gericht schnell zubereitet und serviert werden. Ich gebe gerne noch spiralisiertes Gemüse wie rohe Zucchini für mehr Textur, besseren Geschmack und mehr Nährstoffe dazu.

4 PORTIONEN
VORBEREITUNGSZEIT 15 MINUTEN
MESSEREINSATZ A

60 ml Olivenöl

1 Knoblauchzehe, fein gehackt

Saft von 1 Zitrone

Salz

Schwarzer Pfeffer, frisch gemahlen

500 g gekühlter Spargel, geputzt und diagonal in ca. 1 cm lange Stücke geschnitten

250 g gekochte Shrimps, ohne Schale, entdarmt

2 große Zucchini, gekühlt und spiralisiert

¼ TL rote Paprikaflocken

Frische Petersilie, gehackt, zum Anrichten

1. Olivenöl, Knoblauch und Zitronensaft in einer großen Schüssel miteinander verrühren, mit Salz und Pfeffer würzen.

2. Spargel, Shrimps und Zucchininudeln dazugeben und alles gut vermischen. Nach Bedarf noch einmal mit Salz und Pfeffer abschmecken und die roten Paprikaflocken dazugeben.

3. Mit der Petersilie bestreut direkt servieren.

Tipp Wenn Sie nicht auf die Kohlenhydrate achten müssen, können Sie dem Salat mit 2 oder 3 spiralisierten Möhren noch etwas Crunch verleihen.

RO PORTION
Kalorien **215** / gesättigte Fettsäuren **2 g** / Fett gesamt **14 g** / Eiweiß **17 g** / Kohlenhydrate **9 g** / Ballaststoffe **4 g** / Natrium **189 mg**

In der Pfanne gebratener Lachs mit Zitronen-Dill-Kürbisnudeln

ONE-POT ✦ MILCHFREI ✦ KETOGEN ✦ PALEO

Lachs und Dill sind eine klassische Kombination, die mit Zitrone noch besser schmeckt. Wenn man dann noch gedünstete Sommerkürbisnudeln dazu gibt, erhält man ein frisches, aromatisches, gesundes Gericht, das superschnell zubereitet ist.

2 PORTIONEN
VORBEREITUNGSZEIT 10 MINUTEN
KOCHZEIT 15 MINUTEN
MESSEREINSATZ B

2 EL Olivenöl

1 Knoblauchzehe, fein gehackt

2 Stücke Lachs (à ca. 200 g)

Salz

Schwarzer Pfeffer, frisch gemahlen

2 oder 3 große Sommerkürbisse, spiralisiert

Saft von 1 großen Zitrone

2–3 EL frischer Dill, gehackt

1. Das Olivenöl in einer großen Pfanne bei mittlerer Temperatur erhitzen. Darin den Knoblauch 2 Minuten dünsten, bis er duftet. Den Lachs hinzugeben und von jeder Seite 4 bis 5 Minuten braten, bis er goldbraun ist. Der Fisch sollte sich leicht mit einer Gabel teilen lassen, wenn er richtig durchgegart ist. Mit Salz und Pfeffer würzen, dann aus der Pfanne nehmen und beiseitestellen.

2. Die Kürbisnudeln in die Pfanne geben, den Zitronensaft dazugießen. Mit Salz und Pfeffer abschmecken und den Dill darüber streuen.

3. Sanft miteinander verrühren und gleichmäßig auf zwei Tellern verteilen. Den Lachs daraufgeben und direkt servieren.

Tipp Dieses Rezept funktioniert auch mit Hühnchen oder mit einem festen, weißen Fisch wie Tilapia oder Kabeljau gut.

PRO PORTION
Kalorien **461** / gesättigte Fettsäuren **4 g** / Fett gesamt **27 g** / Eiweiß **44 g** / Kohlenhydrate: **13 g** / Ballaststoffe **4 g** / Natrium **203 mg**

Daikonnudeln mit schwarzem Pfeffer, Garnelen und Zuckerschoten

ONE-POT ✷ MILCHFREI ✷ PALEO

Diese Daikonnudeln mit schwarzem Pfeffer sind eine schöne Abwechslung zu den Nudeln mit Sesam und Erdnüssen, die ich sonst so oft mache – manchmal will ich einfach eine vollwertigere Mahlzeit als diese kleinen Gerichte, und dieses steckt voller Garnelen und Zuckerschoten, also voller Protein und grünem Gemüse. Wenn Sie noch nie Daikonnudeln gegessen haben, freuen Sie sich auf einen neuen Genuss. Der radieschenartige Geschmack ist etwas Besonderes, selbst für ein asiatisch inspiriertes Gericht wie dieses.

2 BIS 4 PORTIONEN
VORBEREITUNGSZEIT 10 MINUTEN
KOCHZEIT 15 MINUTEN
MESSEREINSATZ C

2 EL Sesamöl

2 Knoblauchzehen, fein gehackt

60 ml Coconut Aminos (oder glutenfreie Sojasoße)

3 EL Reisessig

2 EL Honig

¼ TL rote Paprikaflocken

2 oder 3 große Daikon-Rettiche, geschält und spiralisiert

500 g Garnelen, ohne Schale, entdarmt

170 g Zuckerschoten

Schwarzer Pfeffer, frisch gemahlen

1. Das Sesamöl in einer großen Pfanne bei mittlerer bis hoher Temperatur erhitzen und darin den Knoblauch 2 bis 3 Minuten braten, bis er duftet. Coconut Aminos, Reisessig, Honig und rote Paprikaflocken dazugeben und gut miteinander verrühren.

2. Die Daikonnudeln in die Pfanne geben und 5 bis 7 Minuten lang dünsten, bis sie zart sind. Dann die Garnelen dazugeben und so lange garen, bis sie rosa sind, ca. 3 weitere Minuten. Zum Schluss die Zuckerschoten zugeben und 2 bis 3 Minuten garen.

3. Mit viel schwarzem Pfeffer würzen und heiß servieren.

Tipp Wenn Sie keinen Daikon-Rettich bekommen oder ihn nicht mögen, können Sie Zucchini-, Möhren- oder Kartoffelnudeln verwenden oder gar nicht spiralisieren und stattdessen Blumenkohlreis nehmen.

PRO PORTION
Kalorien **472** / gesättigte Fettsäuren **2 g** / Fett gesamt **16 g** / Eiweiß **49 g** / Kohlenhydrate **31 g** / Ballaststoffe **3 g** / Natrium **304 mg**

Zucchininudeln alla Puttanesca

ONE-POT ♦ KETOGEN

Spaghetti alla Puttanesca ist ein aromatisches Gericht mit Kapern, Oliven und Sardellen. Selbst wenn Sie kein großer Fan von Sardellen sind, möchte ich Sie dazu ermutigen, diese Nudeln auszuprobieren, denn die Sardellen verleihen ihnen eine salzige, angenehme Tiefe und einen einzigartigen Geschmack.

2 BIS 4 PORTIONEN
VORBEREITUNGSZEIT 10 MINUTEN
KOCHZEIT 10 MINUTEN
MESSEREINSATZ D

60 ml Olivenöl

3 oder 4 Knoblauchzehen, in dünne Scheiben geschnitten

4–6 Sardellenfilets, fein gehackt

40 g schwarze Oliven, in Scheiben

30 g Kapern, abgetropft und gehackt

¼ TL rote Pfefferflocken

Salz

Schwarzer Pfeffer, frisch gemahlen

450–500 g passierte Tomaten (je nach Packungsgröße), ohne Zuckerzusatz

2 oder 3 große Zucchini, spiralisiert

25 g Parmesan, gerieben, zum Anrichten

PRO PORTION
Kalorien **445** / gesättigte Fettsäuren **6 g** / Fett gesamt **32 g** / Eiweiß **16 g** / Kohlenhydrate **33 g** / Ballaststoffe **8 g** / Natrium **1.394 mg**

1. Das Olivenöl in einer großen Pfanne bei mittlerer Temperatur erhitzen. Den Knoblauch darin ca. 2 Minuten braten, bis er duftet. Sardellen, Oliven, Kapern und rote Paprikaflocken dazugeben. Mit Salz und Pfeffer würzen und weitere 1 bis 2 Minuten dünsten, bis sie deutlich Aroma abgeben.

2. Tomaten hinzugeben und gut verrühren. Leicht zum Köcheln bringen und weitere 4 bis 5 Minuten garen, bis alles zart ist. Dann die Zucchininudeln dazugeben und noch einmal 2 bis 3 Minuten garen, bis diese bissfest sind.

3. Mit Salz und Pfeffer abschmecken, mit dem Parmesan bestreuen und heiß servieren.

Tipp *Den Proteinanteil in diesem Gericht können Sie erhöhen, wenn Sie eine Dose Thunfisch in Öl zu der Soße geben. Ohne den Käse wird das Gericht Paleo.*

Pochierter Tilapia an Gemüsenudeln

ONE-POT ✳ MILCHFREI ✳ PALEO

Ich mag Tilapia, weil er mild im Geschmack und schnell gar ist. Man bekommt ihn oft als Tiefkühlware, weswegen ich ihn immer in der Truhe habe. Dies ist eins meiner Lieblingsrezepte, denn es enthält viele Gemüsenudeln und schnell gedünsteten Fisch in einer aromatischen Brühe. Wenn Sie kein großer Fischesser sind, ist dieses Rezept der perfekte Einstieg.

2 PORTIONEN
VORBEREITUNGSZEIT 10 MINUTEN
KOCHZEIT 15 MINUTEN
MESSEREINSATZ D

2 EL Olivenöl

2 Knoblauchzehen, fein gehackt

½ Zwiebel, spiralisiert

2 Möhren, spiralisiert

1 rote Paprikaschote, spiralisiert

Salz

Schwarzer Pfeffer, frisch gemahlen

250 ml Gemüsebrühe oder Hühnerbrühe

2 Stücke Tilapia (à ca. 170 g)

1 große Zucchini, spiralisiert

PRO PORTION
Kalorien **376** / gesättigte
Fettsäuren **3 g** / Fett
gesamt **18 g** / Eiweiß **39 g** /
Kohlenhydrate **18 g** /
Ballaststoffe **4 g** /
Natrium **601 mg**

1. Das Olivenöl in einer großen Pfanne bei mittlerer Temperatur erhitzen. Den Knoblauch darin 1 bis 2 Minuten braten, bis er duftet.

2. Die Zwiebel dazugeben, weitere 2 bis 3 Minuten braten, dann die Möhren- und Paprikanudeln zugeben und 3 bis 4 Minuten garen, oder so lange, bis das Gemüse etwas weich geworden ist. Mit Salz und Pfeffer würzen.

3. Die Brühe in die Pfanne gießen und zum Köcheln bringen. Den Tilapia hineingeben und in der Brühe 3 bis 4 Minuten pochieren lassen, oder so lange, bis der Fisch nicht mehr glasig ist. Erneut mit Salz und Pfeffer würzen.

4. Die Zucchininudeln dazugeben und noch einmal 2 bis 3 Minuten garen, dann direkt servieren.

Tipp Sie können dieses Rezept auch im Ofen statt auf dem Herd zubereiten. Geben Sie dazu alle Zutaten in eine 32 x 24 cm große Auflaufform und decken sie mit Alufolie ab. 10 bis 15 Minuten bei 180 °C backen, oder so lange, bis der Fisch durchgegart und das Gemüse zart ist.

Gemüselinguine mit Muscheln

ONE-POT ✳ MILCHFREI ✳ PALEO

Dieses Rezept ist perfekt dafür geeignet, Ihre Familie oder unerwartete Gäste zu beeindrucken, auch wenn Sie wenig Zeit zum Kochen haben – es besteht im Wesentlichen aus Gemüsenudeln in Knoblauch und Olivenöl mit Muscheln aus der Dose und viel frischer Petersilie darauf. Ich liebe den Geschmack (und die Marinade) von Muscheln aus der Dose, doch wenn Sie das Gericht noch etwas schicker zubereiten möchten, können Sie natürlich auch frische Muscheln in der Schale verwenden.

2 ODER 3 PORTIONEN
VORBEREITUNGSZEIT 10 MINUTEN
KOCHZEIT 10 MINUTEN
MESSEREINSATZ C

2 EL Olivenöl

2 Knoblauchzehen, fein gehackt

185 g Muscheln aus der Dose inkl. der Marinade (oder ca. 2 Dutzend frische kleine Muscheln)

60–120 ml Weißwein oder Brühe (nur bei Verwendung von frischen Muscheln)

2 große Zucchini, spiralisiert

2 Sommerkürbisse, spiralisiert

Salz

Schwarzer Pfeffer, frisch gemahlen

¼–½ TL rote Paprikaflocken

3 oder 4 Frühlingszwiebeln, in Scheiben geschnitten

Frische Petersilie, gehackt, zum Anrichten

PRO PORTION
Kalorien **484** / gesättigte Fettsäuren **3 g** / Fett gesamt **18 g** / Eiweiß **46 g** / Kohlenhydrate **26 g** / Ballaststoffe **5 g** / Natrium **304 mg**

1. Das Olivenöl in einer großen Pfanne bei mittlerer Temperatur erhitzen. Den Knoblauch darin ca. 1 Minute dünsten. Die Muscheln mit der Marinade dazugeben und durchrühren. (Bei Verwendung von frischen Muscheln zusätzlich noch den Wein bzw. die Brühe dazugießen, dann einen Deckel auf die Pfanne geben und einige Minuten köcheln lassen. Muscheln, die sich nicht öffnen, herausnehmen.)

2. Die Zucchini- und Kürbisnudeln dazugeben und weich kochen, ca. 5 Minuten. Sanft umrühren, damit alle Zutaten sich miteinander verbinden. Mit Salz und Pfeffer würzen und die roten Paprikaflocken einstreuen. Vom Herd nehmen und die Frühlingszwiebeln dazugeben.

3. Mit der Petersilie bestreuen und heiß servieren.

Tipp *Fügen Sie etwas Parmesan für extra Geschmack hinzu, wenn Sie sich nicht milchfrei ernähren. Beim Kauf von Dosenmuscheln sollten Sie auf Marken achten, die ohne Konservierungsstoffe und andere Zusatzstoffe auskommen, das ist die gesündeste Variante. Wenn Sie sich für frische Muscheln entscheiden, legen Sie sie 20 Minuten in Wasser ein und bürsten sie vor dem Kochen ab.*

Würzige Garnelen-Marinara

Diese würzige Garnelen-Marinara ist nicht nur feurig, sondern auch sehr aromatisch. Garnelen und Tomatensoße sind eine so gute Kombination und ergeben mit Gemüsenudeln ein hervorragendes Mittag- oder Abendessen. Die Soße schmeckt für sich schon toll und lässt sich im Kühlschrank gut aufbewahren, ich mag sie aber am liebsten mit frischen Garnelen und viel spiralisiertem Gemüse.

2 BIS 4 PORTIONEN
VORBEREITUNGSZEIT 10 MINUTEN
KOCHZEIT 20 MINUTEN
MESSEREINSATZ D

2 EL Olivenöl

½ Zwiebel, gewürfelt

2 Knoblauchzehen, fein gehackt

800 ml passierte Tomaten (ohne Zucker-zusatz)

1 TL getrockneter Oregano

¼ TL rote Paprikaflocken (bei Bedarf mehr)

60 ml Weißwein (optional)

Salz

Schwarzer Pfeffer, frisch gemahlen

500 g Garnelen, ohne Schalen, entdarmt

2 oder 3 große Zucchini, spiralisiert

Frische Petersilie, gehackt, zum Anrichten

PRO PORTION
Kalorien **537** / gesättigte
Fettsäuren **2 g** / Fett
gesamt **18 g** / Eiweiß **57 g** /
Kohlenhydrate **44 g** /
Ballaststoffe **12 g** /
Natrium **894 mg**

1. Das Olivenöl in einem großen Suppentopf bei mittlerer Temperatur erhitzen. Die Zwiebel darin 2 bis 3 Minuten lang aromatisch dünsten, den Knoblauch zufügen und eine weitere Minute braten. Die Tomaten dazugießen und zum Köcheln bringen. Oregano, rote Paprikaflocken und Weißwein (wenn verwendet) dazugeben und mit Salz und Pfeffer würzen. Auf niedrigster Stufe ca. 10 Minuten simmern lassen.

2. Die Garnelen dazugeben und 4 bis 5 Minuten garen lassen, oder so lange, bis sie rosa und nicht mehr glasig sind.

3. Ca. 2 bis 3 Minuten vor Ende der Garzeit die Zucchininudeln dazugeben. Mit Petersilie bestreuen und heiß servieren.

Tipp *Aus dieser Soße können Sie auch eine Fleischsoße machen, wenn Sie 500 g Hackfleisch statt der Garnelen verwenden. Geben Sie dieses nach Anbraten des Knoblauchs in den Topf und braten es 5 bis 7 Minuten lang an, bis es durchgebräunt ist.*

Käse-Makkaroni mit Hummer und Butternusskürbisnudeln

ONE-POT

Gibt es etwas Besseres als Käse-Makkaroni mit Hummer? Wenn Sie das jemals gegessen haben, wissen Sie, dass die Antwort auf diese Frage »Nein« lautet. Mein Mann und ich sind im Sommer in San Francisco schick essen gegangen und haben eine große Portion Käse-Makkaroni mit Hummer bestellt. Es war so lecker, aber wir fühlten uns nachher richtig vollgestopft. Da wusste ich, dass ich einen Weg finden musste, das Gericht leichter zu gestalten. In diesem Rezept wird immer noch viel Käse verwendet und natürlich auch Hummer, doch statt der Makkaroni verwenden wir Butternusskürbisnudeln. So wird daraus ein gluten- und getreidefreies Rezept.

2 PORTIONEN
VORBEREITUNGSZEIT 10 MINUTEN
KOCHZEIT 20 MINUTEN
MESSEREINSATZ B

PRO PORTION
Kalorien 1.**346** / gesättigte Fettsäuren **50 g** / Fett gesamt **91 g** / Eiweiß **49 g** / Kohlenhydrate **74 g** / Ballaststoffe **10 g** / Natrium **1.740 mg**

2 EL Olivenöl

1 Butternusskürbis, spiralisiert

4 EL Bio-Butter

30 g glutenfreies Mehl

500 ml Milch

240 g Cheddar, gerieben, plus 60 g zum Darüberstreuen

Fleisch aus 2 gekochten Hummerschwänzen, gehackt

Salz

Schwarzer Pfeffer, frisch gemahlen

Frühlingszwiebeln, in Röllchen, zum Anrichten

1. Das Olivenöl in einer großen ofenfesten Pfanne bei mittlerer bis hoher Temperatur erhitzen. Die Butternusskürbisnudeln darin 5 bis 7 Minuten dünsten, bis sie etwas weich geworden sind. Aus der Pfanne nehmen und beiseitestellen.

2. In derselben Pfanne die Butter schmelzen. Das Mehl hineingeben und so lange rühren, bis eine glatte Masse entsteht, dann die Milch zugießen und stetig weiterrühren. Die Temperatur auf mittel bis niedrig reduzieren und unter ständigem Rühren ca. 5 Minuten kochen.

3. Die 240 g Käse nach und nach zu der köchelnden Soße geben, dabei umrühren, bis der Käse komplett geschmolzen ist.

4. Die Grillstufe des Ofens vorheizen. Die Butternusskürbisnudeln und das Hummerfleisch in die Pfanne geben und sanft unterrühren. Mit Salz und Pfeffer würzen, dann mit den restlichen 60 g Käse bestreuen. 2 bis 3 Minuten unter den Grill stellen, oder so lange, bis der Käse geschmolzen ist.

5. Die Frühlingszwiebeln darüber streuen und heiß servieren.

Tipp Dieses Rezept wird kohlenhydratärmer, wenn Sie Sommerkürbis- oder Zucchininudeln statt der Butternusskürbisnudeln verwenden.

Sommerkürbisnudeln mit Hummer und Tomaten

ONE-POT

Dieses Gericht bedeutet pures Sommergefühl für mich – Sommerkürbisnudeln mit saftigem Hummerfleisch, frischen Tomaten und einem großen Klecks Butter. Nach nur 30 Minuten Zubereitung können Sie sich ein gekühltes Glas Weißwein gönnen, sich auf Ihren Balkon oder die Terrasse setzen und dieses elegante, luxuriöse Essen bei warmem Wetter genießen.

2 BIS 4 PORTIONEN
VORBEREITUNGSZEIT 10 MINUTEN
KOCHZEIT 20 MINUTEN
MESSEREINSATZ D

1 EL Olivenöl

½ Zwiebel, gewürfelt

2 Knoblauchzehen, fein gehackt

200 g Cherrytomaten

Salz

Schwarzer Pfeffer, frisch gemahlen

3 EL Bio-Butter

3 oder 4 große Sommerkürbisse spiralisiert

Fleisch aus 3 oder 4 gekochten Hummerschwänzen, gehackt

¼ TL rote Paprikaflocken

25 g Parmesan, gerieben, zum Anrichten

PRO PORTION
Kalorien **613** / gesättigte Fettsäuren **15 g** / Fett gesamt **31 g** / Eiweiß **66 g** / Kohlenhydrate **21 g** / Ballaststoffe **6 g** / Natrium **1.786 mg**

1. Das Olivenöl in einer großen Pfanne bei mittlerer Temperatur erhitzen. Die Zwiebel und den Knoblauch darin gemeinsam 4 bis 5 Minuten dünsten, bis der Knoblauch duftet und die Zwiebel glasig wird und beginnt, weich zu werden.

2. Die Tomaten dazugeben und diese 3 bis 4 Minuten garen, sie sollten platzen. Wenn sie das nicht tun, mit einem Holzkochlöffel zerdrücken. Mit Salz und Pfeffer würzen.

3. Die Butter in die Pfanne geben und umrühren, bis sie geschmolzen ist. Dann die Sommerkürbisnudeln hinzufügen und 2 bis 3 Minuten kochen. Nun das Hummerfleisch dazugeben, mit den roten Paprikaflocken bestreuen und so lange weiter kochen, bis alles gut erwärmt ist, ca. 5 bis 7 Minuten. Mit Salz und Pfeffer abschmecken.

4. Jede Portion großzügig mit Parmesan bestreuen und direkt servieren.

Tipp *Wenn Sie keinen Hummer kaufen möchten, können Sie auch gekochtes Krebsfleisch, Muscheln oder Shrimps verwenden. Ohne den Käse wird das Gericht Paleo.*

Gemüsenudeln mit Meeresfrüchten

Dieses Rezept ähnelt einem Cioppino-Topf, ist aber stark vereinfacht. Wir verwenden hier Zucchini-, Möhren- und Sommerkürbisnudeln statt Pasta. Die klassischen Aromen eine Fischtopfs machen dieses Gericht zu einem Dauerfavoriten. Ich liebe die Kombination aus festem weißen Fisch mit Garnelen, Sie können es aber auch einmal mit frischen Muscheln oder Miesmuscheln versuchen oder nur eine Meeresfrüchte-Sorte verwenden. Sie können das Gericht sogar Paleo und milchfrei machen, indem Sie einfach den Parmesan weglassen.

2 BIS 4 PORTIONEN
VORBEREITUNGSZEIT 10 MINUTEN
KOCHZEIT 15 MINUTEN
MESSEREINSATZ C

2 EL Olivenöl
½ Zwiebel, gehackt
2 oder 3 Möhren, spiralisiert
2 Knoblauchzehen, fein gehackt
500 g Tomatenstücke mit Soße aus der Dose (ohne Zuckerzusatz)
250 ml Fischfond
170 g weißer Fisch, z. B. Kabeljau oder Tilapia, in Stücke geschnitten
250 g Garnelen, entdarmt (mit oder ohne Schale, nach Belieben)
Salz
Schwarzer Pfeffer, frisch gemahlen
¼ TL rote Paprikaflocken
1 große Zucchini, spiralisiert
1 oder 2 Sommerkürbisse, spiralisiert
Parmesan, gerieben, zum Anrichten
Frische Petersilie, gehackt, zum Anrichten

PRO PORTION
Kalorien **486** / gesättigte Fettsäuren **3 g** / Fett gesamt **18 g** / Eiweiß **55 g** / Kohlenhydrate **31 g** / Ballaststoffe **10 g** / Natrium **552 mg**

1. Olivenöl bei mittlerer Temperatur in einem großen Suppentopf erhitzen. Zwiebel, Möhrennudeln und Knoblauch 2 bis 3 Minuten lang darin dünsten, bis der Knoblauch duftet und die Zwiebel etwas weich geworden ist. Tomaten und Fischfond dazugeben und zum Köcheln bringen.

2. Den Fisch und die Garnelen dazugeben und garen, bis sie nicht mehr glasig sind, 5 bis 7 Minuten. Mit Salz und Pfeffer würzen und die roten Paprikaflocken darüber streuen. Ca. 2 bis 3 Minuten vor Ende der Garzeit die Zucchini- und Sommerkürbisnudeln hinzugeben.

3. In Servierschüsseln oder auf Tellern anrichten und mit viel Parmesan sowie etwas Petersilie bestreuen. Sofort servieren.

Tipp *Wenn Sie sich dazu entschließen, Muscheln oder Miesmuscheln zu dem Gericht hinzuzufügen, geben Sie sie mit den Zwiebeln, Möhrennudeln und dem Knoblauch in den Topf. Decken Sie den Topf ab, wenn Sie die Tomaten und den Fischfond eingefüllt haben, und lassen Sie alles köcheln, bis die Muscheln sich öffnen. Nehmen Sie Muscheln, die nach dem Kochen nicht geöffnet sind, heraus.*

Muschelsuppe mit spiralisierten Kartoffeln und Möhren

ONE-POT

Muschelsuppe ist eines der Gerichte, das ich immer gerne bestelle, wenn wir essen gehen, aber nie zuhause gekocht habe, weil ich dachte, es sei zu viel Arbeit. Wenn man die Zutaten spiralisiert, gehen die Vorbereitungen aber viel schneller! Ich verwende grundsätzlich lieber Kartoffelnudeln statt Kartoffelwürfel, bei dieser Suppe aber ganz besonders.

4 PORTIONEN
VORBEREITUNGSZEIT 10 MINUTEN
KOCHZEIT 20 MINUTEN
MESSEREINSATZ D

2 EL Bio-Butter

1 Zwiebel, spiralisiert

2 Knoblauchzehen, fein gehackt

2 oder 3 Stangen Sellerie, in dünne Scheiben geschnitten

3 oder 4 Möhren, spiralisiert

500 ml Fischfond

1 Lorbeerblatt

Salz

Schwarzer Pfeffer, frisch gemahlen

2 mehlig kochende Kartoffeln, geschält und spiralisiert

250 ml Milch

250 ml Sahne

500–650 g Muscheln aus der Dose

Chilisoße, zum Anrichten

Frische Petersilie, gehackt, zum Anrichten

PRO PORTION
Kalorien **345** / gesättigte Fettsäuren **13 g** / Fett gesamt **21 g** / Eiweiß **10 g** / Kohlenhydrate **32 g** / Ballaststoffe **5 g** / Natrium **758 mg**

1. Die Butter bei mittlerer Temperatur in einem großen Suppentopf schmelzen. Zwiebel und Knoblauch darin 2 bis 3 Minuten braten, bis der Knoblauch duftet und die Zwiebel etwas weich geworden ist. Sellerie und Möhrennudeln dazugeben und 2 weitere Minuten garen. Den Fischfond hineingießen und zum Köcheln bringen. Das Lorbeerblatt hineingeben und mit Salz und Pfeffer würzen.

2. Die Kartoffelnudeln dazugeben und ca. 5 Minuten köcheln lassen. Milch und Sahne dazugießen sowie die Muscheln samt Marinade, alles gut verrühren. Erneut mit Salz und Pfeffer abschmecken. Ungefähr 10 Minuten bei niedriger Temperatur köcheln lassen.

3. Das Lorbeerblatt aus der Suppe nehmen und diese dann in Suppenschüsseln füllen und mit einigen Spritzern Chilisoße beträufeln und Petersilie darüber streuen. Direkt servieren.

Tipp Das Gericht wird ketogen, wenn Sie die Kartoffeln weglassen.

HAUPTGERICHTE MIT HÄHNCHEN UND PUTE

Das Protein, das ich am häufigsten zuhause verwende, ist Hähnchen, und obwohl ich nicht so oft mit Pute koche, kann man die beiden Fleischsorten bei den meisten Rezepten einfach austauschen. Wenn Sie das eine mehr als das andere mögen, ändern Sie die Rezepte gerne für sich ab! Sie finden in diesem Kapitel viele Gerichte, die von der asiatischen Küche inspiriert sind, einige gesündere Varianten von Klassikern wie Hähnchenpastete, Parmesan-Hühnchen und Hühnchen-Reis-Auflauf, außerdem einige meiner eigenen Kreationen, wie eine Süßkartoffel-Taco-Pfanne. Ich hoffe, Sie erhalten hier neue Ideen, um die manchmal langweiligen gängigen Hühnergerichte auch selbst mit Gemüse aufzupeppen.

Hähnchen Pad Thai

ONE-POT * MILCHFREI * KETOGEN

Pad Thai ist eines meiner absoluten Lieblingsessen, und man kann es wirklich einfach zuhause mit Gemüse- statt den traditionellen Reisnudeln kochen. Ich habe schon mit vielen Gemüsesorten und dem Weglassen von Getreide experimentiert und festgestellt, dass man die Kohlenhydrate nicht vermisst, solange der Geschmack eines Gerichts richtig gut ist. Und diese Rezept ist das beste Beispiel dafür!

2 BIS 4 PORTIONEN
VORBEREITUNGSZEIT 10 MINUTEN
KOCHZEIT 20 MINUTEN
MESSEREINSATZ B

1 EL Sesamöl
¼ rote Zwiebel, dünn in Scheiben geschnitten
1 TL frischer Ingwer, geschält und fein gehackt
1 Knoblauchzehe, fein gehackt
500 g Hühnerbrust oder -schenkel ohne Knochen, in dünne Streifen geschnitten
Saft von 2 Limetten, plus 1 Limette in Spalten geschnitten, zum Anrichten
1–2 EL Erdnussbutter
2 EL glutenfreie Sojasoße
½ EL Fischsoße
2 große Zucchini, spiralisiert
2 oder 3 Möhren, spiralisiert
100 g Bohnensprossen
3 oder 4 Frühlingszwiebeln, gehackt
110 g Erdnüsse, grob gehackt
Salz
Schwarzer Pfeffer, frisch gemahlen
Frischer Koriander, gehackt, zum Anrichten

1. Das Öl in einer großen Pfanne bei mittlerer Temperatur erhitzen. Zwiebel, Ingwer und Knoblauch hineingeben, und ca. 5 Minuten unter ständigem Rühren braten, bis die Zwiebel weich ist. Das Hähnchenfleisch zugeben und weitere 5 Minuten braten.

2. Limettensaft, Erdnussbutter, Soja- und Fischsoße dazugeben.

3. Zucchini- und Möhrennudeln zugeben und 4 bis 5 Minuten lang kochen, bis das Gemüse bissfest ist. Bohnensprossen und Frühlingszwiebeln mit in die Pfanne geben und weitere 2 bis 3 Minuten garen.

4. Die Pfanne vom Herd nehmen, mit den gehackten Erdnüssen bestreuen, mit Salz und Pfeffer würzen und mit einer Limettenspalte sowie darüber gestreutem Koriander servieren.

Tipp *Um dieses Rezept Paleo zu machen, können Sie Mandelbutter und Mandelblättchen statt Erdnussbutter und Erdnüssen verwenden. Wenn Sie strikt nach Paleo leben, nehmen Sie Coconut Aminos statt der glutenfreien Sojasoße.*

PRO PORTION
Kalorien 1.054 / gesättigte Fettsäuren 9 g / Fett gesamt 65 g / Eiweiß 91 g / Kohlenhydrate 42 g / Ballaststoffe 15 g / Natrium 2.587 mg

Brokkolinudeln Pad See Ew

ONE-POT ✳ MILCHFREI

Pad See Ew ist auch eine meiner Leibspeisen – ich esse es immer, wenn mir nach Pad Thai ist, ich aber etwas Pikanteres und weniger Süßes möchte. Man kann es wunderbar mit Hähnchen zubereiten, und ich ersetze die traditionellen flachen Reisbandnudeln gerne durch Brokkolinudeln. Ich verwende Klinge B oder die Klinge für Fettuccine, weil ich finde, dass die Nudeln damit der Form und Textur der Reisbandnudeln am nächsten kommen.

4 PORTIONEN
VORBEREITUNGSZEIT 5 MINUTEN
KOCHZEIT 20 MINUTEN
MESSEREINSATZ B

2 EL Pflanzenöl

2 Knoblauchzehen, fein gehackt

500 g Hähnchenbrust oder -schenkel ohne Knochen, in dünne Streifen geschnitten

2 Köpfe Brokkoli, Röschen abgetrennt, Stiele spiralisiert

2 EL glutenfreie Sojasoße

2 EL Austernsoße

2 EL Reisessig

Ein kleiner Spritzer Wasser (2 EL oder weniger, falls benötigt)

1 oder 2 Eier, Größe L, leicht verquirlt

Salz

Schwarzer Pfeffer, frisch gemahlen

PRO PORTION
Kalorien **275** / gesättigte Fettsäuren **2 g** / Fett gesamt **11 g** / Eiweiß **34 g** / Kohlenhydrate **11 g** / Ballaststoffe **4 g** / Natrium **700 mg**

1. Das Öl in einer großen antihaftbeschichteten Pfanne bei mittlerer Temperatur erhitzen. Den Knoblauch darin 1 bis 2 Minuten dünsten, bis er duftet. Das Hähnchenfleisch dazugeben und braten, bis es gebräunt ist, 5 bis 6 Minuten.

2. Die Brokkoliröschen zugeben und 3 bis 4 Minuten bissfest garen, dann die Brokkolinudeln dazugeben.

3. Soja- und Austernsoße sowie Reisessig dazugießen. Gut miteinander verrühren und sicherstellen, dass alle Zutaten gleichmäßig mit Soße bedeckt sind. Wenn nötig, die Soße mit etwas Wasser verdünnen.

4. Etwas von dem Pfanneninhalt zur Seite schieben, die Eier hineinschlagen und in der Pfanne zu Rühreiern braten. Die Rühreier mit den restlichen Zutaten vermischen und alles so lange rühren, bis die Eier vollständig gestockt sind, ca. 5 Minuten.

5. Abschmecken und wenn nötig mit Salz und Pfeffer würzen. Direkt servieren.

Tipp Verwenden Sie ab und zu Steakstreifen statt Hähnchen, um das Gericht zu variieren.

Möhrennudel-Pfanne mit Hähnchen

ONE-POT ✴ MILCHFREI ✴ PALEO

Ich liebe schnelle Pfannengerichte wie dieses – man kocht das Fleisch, gibt das Gemüse dazu, und die Aromen verbinden sich auf sehr befriedigende und köstliche Art und Weise. Sie können die Aromen und Kräuter nach Belieben austauschen, ich mache meine Pfannengerichte gerne mit viel Knoblauch, frischem Ingwer, Zwiebeln und etwas Sesamöl.

2 BIS 4 PORTIONEN
VORBEREITUNGSZEIT 10 MINUTEN
KOCHZEIT 15 MINUTEN
MESSEREINSATZ D

2 EL Sesamöl

1 Zwiebel, spiralisiert

1 Knoblauchzehe, fein gehackt

500 g Hühnerbrust ohne Knochen, gewürfelt

2 oder 3 Möhren, spiralisiert

1 Brokkoli, Röschen abgetrennt, Stiele spiralisiert

1 grüne Paprikaschote, spiralisiert

225 g Wasserkastanien aus der Dose, abgetropft

1 TL frischer Ingwer, geschält und fein gehackt

1 große Zucchini, spiralisiert

2 oder 3 EL Coconut Aminos (oder glutenfreie Sojasoße)

Sesamkerne, zum Anrichten

PRO PORTION
Kalorien **615** / gesättigte Fettsäuren **2 g** / Fett gesamt **20 g** / Eiweiß **54 g** / Kohlenhydrate **49 g** / Ballaststoffe **12 g** / Natrium **256 mg**

1. Das Sesamöl in einer großen Pfanne bei mittlerer Temperatur erhitzen. Knoblauch und Zwiebel darin 2 bis 3 Minuten braten, bis der Knoblauch duftet und die Zwiebel etwas weich geworden ist. Das Hähnchenfleisch dazugeben und 5 bis 7 Minuten mitbraten, bis es gebräunt ist, dabei gelegentlich umrühren.

2. Möhrennudeln, Brokkoliröschen und -nudeln, Paprikanudeln, Wasserkastanien und Ingwer dazugeben und alles gut miteinander verrühren. Nach 2 bis 3 Minuten Zucchininudeln und Coconut Aminos zugeben. Noch einmal umrühren und weitere 2 bis 3 Minuten dünsten, bis die Zucchininudeln bissfest sind.

3. In Servierschüsseln oder auf Teller umfüllen, mit Sesamkernen bestreuen und servieren.

Tipp Sie können ein vegetarisches Rezept daraus machen, wenn Sie das Hähnchen durch Tofu und Rührei ersetzen.

Teriyaki-Huhn mit Daikonnudeln

MILCHFREI ✦ PALEO

Teriyaki-Soße findet man in Paleo-Rezepten kaum, weil sie viel Zucker enthält. Glücklicherweise kann man ihre Aromen mit einer Mischung aus Coconut Aminos und Honig gut nachbilden, ohne all die Zusatzstoffe im Essen zu haben.

2 BIS 4 PORTIONEN
VORBEREITUNGSZEIT 10 MINUTEN
KOCHZEIT 15 MINUTEN
MESSEREINSATZ C

60 ml Coconut Aminos (oder glutenfreie Sojasoße)

85 g Honig

2 EL Orangensaft

1 EL Reisessig

1 TL frischer Ingwer, geschält und fein gehackt

1 TL Sesamöl

1 Knoblauchzehe, fein gehackt

¼ TL rote Paprikaflocken

500 g Hühnerbrust oder -schenkel ohne Knochen, gewürfelt

3 oder 4 Daikon-Rettiche, spiralisiert

Salz

Schwarzer Pfeffer, frisch gemahlen

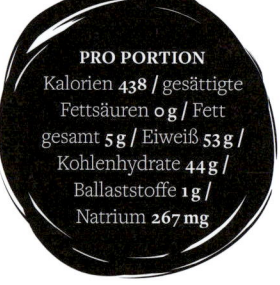

PRO PORTION
Kalorien **438** / gesättigte Fettsäuren **0 g** / Fett gesamt **5 g** / Eiweiß **53 g** / Kohlenhydrate **44 g** / Ballaststoffe **1 g** / Natrium **267 mg**

1. Coconut Aminos, Honig, Orangensaft, Reisessig, Ingwer, Sesamöl, Knoblauch und rote Paprikaflocken in einer mittelgroßen Schüssel sehr gut miteinander verrühren.

2. Die Soße in eine große Pfanne gießen und bei mittlerer Temperatur zum Köcheln bringen. 4 bis 5 Minuten simmern lassen, bis die Soße beginnt einzukochen.

3. Hähnchenfleisch hineingeben und 5 bis 6 Minuten garen lassen, oder so lange, bis es durchgegart ist. Gut durchrühren, um es mit der Soße zu verbinden.

4. Daikonnudeln dazugeben und unterrühren, weitere 3 bis 4 Minuten garen, bis die Nudeln zart sind.

5. Abschmecken und wenn nötig mit Salz und Pfeffer würzen. Heiß servieren.

Tipp Verwenden Sie glutenfreie Sojasoße, wenn Sie nicht streng nach Paleo kochen.

Krautsalat mit Hühnchen und Erdnusssoße

ROHKOST * ONE-POT * MILCHFREI * KETOGEN

Weißkohl lässt sich sehr einfach spiralisieren. Ich vergesse das immer mal wieder, weil dabei keine Nudeln herauskommen, doch man kann ihn mit dem Spiralschneider wahnsinnig schnell zerkleinern, was viel Zeit und Chaos in der Küche spart. Dieser Salat ist schnell zubereitet, leicht und voller Aromen – nur Kohl, Huhn und frischer Orangensaft mit etwas Erdnussvinaigrette für die Würze.

2 PORTIONEN
VORBEREITUNGSZEIT 10 MINUTEN
MESSEREINSATZ A

2 EL frisch gepresster Orangensaft

2 EL Erdnussbutter

2 TL glutenfreie Sojasoße

2 EL Reisessig

½ Kopf Weißkohl, spiralisiert

1 große Hühnerbrust, gekocht und zerkleinert

2 oder 3 Frühlingszwiebeln, gehackt

Salz

Schwarzer Pfeffer, frisch gemahlen

Sesamkerne, zum Anrichten

1. Orangensaft, Erdnussbutter, Sojasoße und Reisessig in einer großen Schüssel miteinander verrühren.
2. Den Kohl dazugeben und alles gut vermischen. Hähnchenfleisch und Frühlingszwiebeln unterrühren. Mit Salz und Pfeffer würzen. Mit den Sesamkernen bestreuen und direkt servieren.

Tipp Verwenden Sie statt Erdnussbutter Mandelbutter und statt der Sojasoße Coconut Aminos, damit das Rezept Paleo wird. Sie können das Gericht auch variieren, indem Sie verschiedene Kohlsorten ausprobieren.

PRO PORTION
Kalorien **295** / gesättigte Fettsäuren **2 g** / Fett gesamt **11 g** / Eiweiß **31 g** / Kohlenhydrate **17 g** / Ballaststoffe **6 g** / Natrium **543 mg**

Griechischer Salat mit Gurkennudeln und Hühnchen

KETOGEN

Ich esse zum Mittagessen oder als leichtes Abendessen gerne einen großen griechischen Salat mit wirklich kräuterigem Hühnchen – die Kombination aus den Gewürzen mit dem cremigen Feta und der spritzigen Vinaigrette ist fantastisch, vor allem, wenn man noch knackige Gurken und salzige Oliven dazu gibt. Für dieses Rezept spiralisiere ich die Gurken und die rote Zwiebel, wodurch eine schöne Textur zu all dem gehackten Gemüse und dem Römersalat hinzukommt.

2 BIS 4 PORTIONEN
VORBEREITUNGSZEIT 10 MINUTEN
KOCHZEIT 20 MINUTEN
MESSEREINSATZ C

Für das Hühnchen

1 TL Salz

1 TL Knoblauchpulver

1 TL getrocknetes Basilikum

1 TL getrockneter Oregano

½ TL schwarzer Pfeffer, frisch gemahlen

½ TL getrocknete Petersilie

½ TL getrockneter Rosmarin

½ TL getrockneter Dill

½ TL getrockneter Thymian

2 EL Olivenöl, plus mehr, wenn nötig

2 Hühnerbrüste ohne Knochen

Für den griechischen Salat

1 kleiner Kopf Römersalat, kleingeschnitten

1 große Salatgurke, spiralisiert

½ rote Zwiebel, spiralisiert

150 g Kalamata Oliven

200 g Cherrytomaten, halbiert

120 ml Olivenöl

Saft von 2 Zitronen, plus mehr, wenn nötig

150 g Feta, zerkrümelt

Salz

Schwarzer Pfeffer, frisch gemahlen

PRO PORTION
Kalorien 1.160 / gesättigte Fettsäuren 97 g / Fett gesamt 23 g / Eiweiß 55 g / Kohlenhydrate 27 g / Ballaststoffe 7 g / Natrium 2.693 mg

Zubereitung des Hühnchens

1. Den Backofen auf 180 °C vorheizen.
2. Salz, Knoblauchpulver, Basilikum, Oregano, Pfeffer, Petersilie, Rosmarin, Dill und Thymian in einer kleinen Schüssel mischen.
3. Eine große Pfanne bei mittlerer Temperatur erhitzen. Das Olivenöl über das Hühnchen gießen und mit der Hälfte der Kräutermischung einreiben. Fleisch 3 bis 4 Minuten pro Seite braten, bis es gut gebräunt ist, dann auf ein Backblech legen und 10 bis 12 Minuten backen, oder bis es durchgegart ist.

Zubereitung des griechischen Salats

1. Während das Hühnchen backt, den Römersalat mit den Gurkennudeln, Zwiebeln, Oliven und Tomaten in einer großen Schüssel mischen. Die restliche Kräutermischung, das Olivenöl und den Zitronensaft darüber geben und den Salat damit anmachen. Den Feta zugeben und noch einmal alles durchrühren. Mit Salz und Pfeffer würzen und in Servierschüsseln oder auf Tellern anrichten.
2. Das Hühnchen in Streifen oder Würfel schneiden und gleichmäßig auf dem Salat verteilen. Abschmecken und wenn nötig mit etwas mehr Olivenöl und Zitronensaft beträufeln. Direkt servieren.

Tipp *Wenn Sie den Feta weglassen, wird das Rezept Paleo und milchfrei.*

Hühnchensalat mit Espiralisierten Möhren

5 ZUTATEN * ROHKOST * ONE-POT * MILCHFREI * PALEO

Dieses Rezept für Hühnchensalat ist meine erste Wahl, wenn es darum geht, ein schnelles Essen zum Mitnehmen vorzubereiten. Ich finde, dazu passen noch Gurkenscheiben und sogar Süßkartoffelchips. Die spiralisierten Möhren gebe ich gerne dazu, weil das mal etwas anderes ist (jede Woche Hühnchensalat kann schnell langweilig werden). Experimentieren Sie selbst und verwenden Sie jegliches Gemüse, das Sie möchten und zaubern damit ein einfach herzustellendes Gericht wie dieses.

4 PORTIONEN
VORBEREITUNGSZEIT 15 MINUTEN
MESSEREINSATZ B

350 g Hühnerfleisch aus dem Glas, abgetropft

3 oder 4 Möhren, spiralisiert

115 g Mayonnaise

½ Stange Sellerie, gehackt

75 g Trauben, fein gehackt

1 oder 2 Frühlingszwiebeln, in dünne Ringe geschnitten

Salz

Schwarzer Pfeffer, frisch gemahlen

Hühnchen, Möhrennudeln, Mayonnaise, Sellerie, Trauben und Frühlingszwiebeln in einer großen Schüssel mischen und gut miteinander verrühren. Mit Salz und Pfeffer abschmecken. Direkt servieren oder bis zum Servieren im Kühlschrank aufbewahren.

Tipp Dieses Gericht wird ketogen, wenn Sie die Möhren und Trauben weglassen und durch kohlenhydratärmere Gemüsenudeln wie Gurke oder Zucchini ersetzen.

PRO PORTION
Kalorien **284** / gesättigte Fettsäuren **2 g** / Fett gesamt **13 g** / Eiweiß **27 g** / Kohlenhydrate **16 g** / Ballaststoffe **2 g** / Natrium **349 mg**

Wraps mit Hühnchen, Bacon und spiralisiertem Gemüse

5 ZUTATEN ✦ ROHKOST

Hier kommt ein toller Vorschlag für ein Essen, das man gut vorbereiten kann – wenn Sie den Frühstücksspeck und das Hühnchen vorab braten, können Sie diese Zutaten im Kühlschrank aufbewahren und für Rezepte wie dieses einsetzen. Diese Wraps sind einfach köstlich, und mit dem spiralisierten Gemüse klappt es auch, dass Sie mehr Gemüse in Ihren Speiseplan aufnehmen. Sie können, wenn Sie mögen, glutenfreie Tortillas nehmen, aber auch große Salatblätter, zum Beispiel von Römer- oder Eisbergsalat lassen sich gut zu Wraps verarbeiten.

2 PORTIONEN
VORBEREITUNGSZEIT 5 MINUTEN
MESSEREINSATZ D

225 garte Hühnerbrust, dünn in Streifen geschnitten

4 Scheiben Frühstücksspeck, gebraten

2 Wraps nach Wahl – Paleo sind Salat-, Blattgemüse- und Kohlblätter

2 oder 3 Möhren, spiralisiert

1 Zucchini, spiralisiert

2 EL Ranch Dressing (Sorte nach Belieben)

Tomate und/oder Avocado in Scheiben (optional)

PRO PORTION
Kalorien **562** / gesättigte Fettsäuren **7 g** / Fett gesamt **22 g** / Eiweiß **51 g** / Kohlenhydrate **38 g** / Ballaststoffe **4 g** / Natrium **1.501 mg**

1. Die Wraps herstellen: Hühnchen und Bacon auf die Salat-, Blattgemüse- oder Kohlblätter geben, darauf die Möhren- und Zucchininudeln verteilen.

2. Mit Ranch Dressing beträufeln, Tomate und/oder Avocado darüber legen (wenn verwendet) und aufrollen. Direkt genießen oder im Kühlschrank für später aufbewahren.

Tipp Diese Wraps werden ketogen, wenn Sie die Avocado verwenden und außerdem noch eine Scheibe Käse für extra Fettzufuhr mit einrollen.

Hähnchenpastete

Bei dieser Hähnchenpastete bilden spiralisierte Kartoffeln den Deckel, weil das einfach Spaß macht und mal etwas anderes ist. Außerdem geht es viel schneller, als Kartoffelpüree oder einen Pastetenteig für den Deckel herzustellen. Und im Gegensatz zu anderen Pasteten ist diese im Null-kommanichts fertig.

4 PORTIONEN
VORBEREITUNGSZEIT 5 MINUTEN
KOCHZEIT 25 MINUTEN
MESSEREINSATZ B

3 EL Olivenöl, aufgeteilt

500 g Hühnerbrust ohne Knochen, kleingeschnitten

1 Zwiebel, spiralisiert und gehackt

2 Stangen Sellerie, gehackt

1 Knoblauchzehe, fein gehackt

2 Möhren, spiralisiert und gehackt

150 g Erbsen (aufgetaut, wenn TK)

Salz

Schwarzer Pfeffer, frisch gemahlen

250 ml Hühnerbrühe

3 mehlig kochende Kartoffeln, spiralisiert

PRO PORTION
Kalorien **431** / gesättigte Fettsäuren **4 g** / Fett gesamt **20 g** / Eiweiß **39 g** / Kohlenhydrate **37 g** / Ballaststoffe **7 g** / Natrium **368 mg**

1. Den Backofen auf 200 °C vorheizen.

2. 1 ½ EL Olivenöl in einer großen Pfanne bei mittle-rer Temperatur erhitzen. Hühnchen, Zwiebel, Sellerie und Knoblauch darin 5 bis 7 Minuten dünsten, oder so lange, bis das Hühnchen leicht gebräunt ist.

3. Möhren und Erbsen zugeben und mit Salz und Pfeffer würzen. Alles gut miteinander verrühren. Hühnerbrühe dazugießen und zum Köcheln bringen.

4. Die Mischung in eine 32 x 24 cm große Auflaufform füllen.

5. In derselben Pfanne die Kartoffelnudeln in den ver-bleibenden 1 ½ EL Olivenöl bei mittlerer Temperatur 2 bis 3 Minuten braten, oder so lange, bis sie weich sind. Mit Salz und Pfeffer würzen.

6. Die Kartoffelnudeln auf der Hühnchenmischung in der Auflaufform verteilen und sanft festdrücken, damit die Nudeln einen Deckel bilden. 10 bis 15 Minuten lang backen, bis die Nudeln goldbraun sind, dann servieren.

Tipp Wenn Sie sich nicht milchfrei ernähren, können Sie statt der Hühnerbrühe Sahne oder Crème double verwenden. Damit die Pastete Paleo wird, ersetzen Sie die Kartoffeln durch Süßkartoffeln.

Puten-Zoodle-Burger

5 ZUTATEN * MILCHFREI * PALEO

Ich mache nicht so oft Putenburger, weil sie für meinen Geschmack schnell zu trocken werden. Deswegen bereite ich sie gerne mit Zucchininudeln zu, weil diese nicht nur zusätzliche Feuchtigkeit in das Gericht bringen, sondern auch den Gemüseanteil erhöhen. Ich verwende die Klinge für Fettuccine und hacke die Zoodles dann grob, bevor ich sie zur Fleischmischung gebe.

ERGIBT 4 BURGER
VORBEREITUNGSZEIT 10 MINUTEN
KOCHZEIT 15 MINUTEN
MESSEREINSATZ B

500 g Putenhackfleisch

1 große Zucchini, spiralisiert

½ Zwiebel, gehackt

1 Ei, Größe L, verquirlt

1 Knoblauchzehe, fein gehackt

Salz

Schwarzer Pfeffer, frisch gemahlen

1 oder 2 EL Olivenöl

Tomatenscheiben, Kopfsalat oder anderer Salat oder glutenfreie Brötchen, zum Anrichten (optional)

1. Das Putenhack mit den Zucchininudeln, der Zwiebel, dem Ei und dem Knoblauch in eine große Schüssel geben. Mit Salz und Pfeffer würzen.

2. Mit den Händen alles gut vermischen und die Hackmasse vierteilen, daraus vier Pattys formen.

3. Das Olivenöl in einer großen Pfanne bei mittlerer Temperatur erhitzen. Die Pattys darin von jeder Seite 5 bis 6 Minuten braten, oder so lang, bis sie vollständig durchgegart sind.

4. Mit Tomatenscheiben belegen, auf Kopfsalat oder andere Salatblätter oder in ein glutenfreies Brötchen legen. Heiß servieren.

Tipp Wenn Sie das Rezept variieren möchten, können Sie Rinderhack oder Hühnerhack statt Pute verwenden.

PRO PORTION
Kalorien **222** / gesättigte Fettsäuren **2 g** / Fett gesamt **11 g** / Eiweiß **29 g** / Kohlenhydrate **4 g** / Ballaststoffe **1 g** / Natrium **122 mg**

Hühnchen-»Reis«-Auflauf

ONE-POT ✦ KETOGEN

Mein Mann und ich haben eine Zeitlang in Minnesota gelebt, und wie man dort im Winter isst, das gefiel mir besonders gut. Heiße Aufläufe liebten wir besonders, und sie haben einfach köstlich geschmeckt, wenn draußen alles zugeschneit war. Natürlich strotzen die meisten dieser Rezepte vor Kohlenhydraten, doch wie alle Rezepte kann man auch diese leicht verändern. Dieser Hühnchen-»Reis«-Auflauf enthält zerkleinerte Gemüsenudeln statt Reis und ist nicht nur richtig lecker, sondern auch schnell gemacht.

4 BIS 6 PORTIONEN
VORBEREITUNGSZEIT 5 MINUTEN
KOCHZEIT 25 MINUTEN
MESSEREINSATZ D

4 Hähnchenschenkel ohne Knochen, in Streifen oder Würfel geschnitten

2 EL Bio-Butter, geschmolzen

Salz

Schwarzer Pfeffer, frisch gemahlen

4 oder 5 Sommerkürbisse, spiralisiert und in Reisgröße gehackt

1 Zwiebel, spiralisiert und gehackt

1 Knoblauchzehe, fein gehackt

250 ml Hühnerbrühe

2 Dosen (à 305 g) Pilz-Crème-Suppe (ideal amerikanische »Cream of Mushroom Soup«)

PRO PORTION
Kalorien **598** / gesättigte Fettsäuren **13 g** / Fett gesamt **41 g** / Eiweiß **37 g** / Kohlenhydrate **21 g** / Ballaststoffe **3 g** / Natrium **1.384 mg**

1. Den Backofen auf 190 °C vorheizen.

2. Hühnchenfleisch mit der geschmolzenen Butter in eine 32 x 24 cm große Auflaufform füllen und gut miteinander vermischen. Mit Salz und Pfeffer würzen.

3. Sommerkürbis, Zwiebel, Knoblauch, Brühe und Suppe dazugeben. Erneut mit Salz und Pfeffer würzen und gut umrühren. Die Auflaufform mit Alufolie abdecken.

4. 20 bis 25 Minuten lang backen, oder so lange, bis das Huhn durchgegart und alles andere heiß ist, dann servieren.

Tipp Verwenden Sie spiralisierte (oder in Scheiben oder Würfel geschnittene) Kartoffeln, wenn Sie nicht auf die Kohlenhydrate achten müssen und einen traditionelleren Auflauf möchten – eventuell müssen Sie dann die Backzeit etwas erhöhen

Ketogenes Parmesan-Hähnchen an Zucchininudeln

KETOGEN

Wenn ich an italienisches Wohlfühlessen denke, kommt mir direkt Parmesan-Hähnchen in den Sinn. Leider steckt es voller Kohlenhydrate, deswegen bereite ich gerne diese getreidefreie Version zu, bei der Mandelmehl statt Paniermehl verwendet wird und Zoodles die Pasta ersetzen. Das Beste daran ist, wie schnell es gemacht ist. Das Hähnchen kann im Voraus zubereitet und im Kühlschrank aufbewahrt oder sogar eingefroren werden, dann geht es sogar noch schneller.

4 PORTIONEN
VORBEREITUNGSZEIT 10 MINUTEN
KOCHZEIT 20 MINUTEN
MESSEREINSATZ D

PRO PORTION
Kalorien **635** / gesättigte
Fettsäuren **12 g** / Fett
gesamt **40 g** / Eiweiß **52 g**
Kohlenhydrate **21 g**
Ballaststoffe **5 g**
Natrium **770 mg**

500 g Hühnerbrust ohne Knochen

Salz

Schwarzer Pfeffer, frisch gemahlen

2 Eier, Größe L

3 EL Crème double oder Sahne

200 g Mandelmehl

1 EL getrockneter Oregano

1 EL Knoblauchpulver

60 ml Olivenöl

170–225 g Mozzarella (in Scheiben oder zerpflückt)

2 oder 3 große Zucchini, spiralisiert

ca. 250 ml der Soße von »Zucchini-Spaghetti mit Fleischbällchen« (Seite 154) oder Ihrer Lieblingstomatensoße

25 g Parmesan

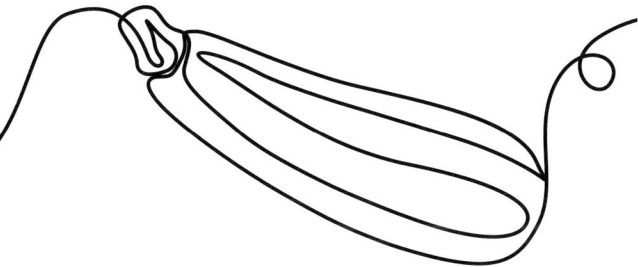

1. Den Backofen auf 120 °C vorheizen.

2. Jede Hühnerbrust längs aufschneiden und mit einem Fleischklopfer oder einer schweren Pfanne flach klopfen – dazu in eine Frischhaltefolie legen und fest klopfen, bis das Fleisch so dünn wie möglich ist. Jedes Fleischstück mit Salz und Pfeffer würzen.

3. In einer flachen Schüssel die Eier mit der Crème double verquirlen. In einer weiteren flachen Schüssel das Mandelmehl mit dem Oregano und dem Knoblauchpulver mischen und mit viel Salz und Pfeffer würzen.

4. Jedes Stück Hühnerfleisch durch die Eiermischung ziehen und dann von beiden Seiten in der Mehlmischung wenden und leicht andrücken.

5. Das Olivenöl in einer großen Pfanne bei mittlerer Temperatur erhitzen. Das Hähnchen vorsichtig hineingeben und pro Seite ca. 5 Minuten braten, bis das Mandelmehl goldbraun ist. Aus der Pfanne nehmen und auf ein Backblech legen.

6. Den Mozzarella über das Huhn streuen, in den Ofen schieben und backen, bis der Käse geschmolzen ist, ca. 7 Minuten. Das Backblech aus dem Ofen nehmen und so viel Parmesan wie gewünscht über das Hähnchen streuen.

7. In derselben Pfanne die Zucchininudeln bei mittlerer bis hoher Temperatur dünsten, bis sie bissfest sind, 2 bis 3 Minuten.

8. Die Tomatensoße über die Nudeln gießen und gut miteinander verrühren. Die Nudeln auf Teller anrichten, das Hühnchen darauflegen und servieren.

Tipp Wenn Sie den Mozzarella weglassen und statt der Crème double bzw. Sahne Kokosmilch verwenden, wird das Rezept Paleo und milchfrei. Sie können dann etwas mehr Tomatensoße nehmen, wenn Sie möchten.

Puten-Tetrazzini

KETOGEN

Diese spiralisierte Version eines sehr kohlenhydrathaltigen Genießergerichts ist ketogen. Puten-Tetrazzini ist ein gebackenes Nudelgericht mit vielen Pilzen, cremiger Soße und Eiernudeln, daher mache ich es gerne mit der Klinge für Bandnudeln und verwende Sommerkürbis anstelle der Pasta. Die cremige Soße passt sehr gut zu einem ketogenen Rezept, wir lassen aber das darüber gestreute Paniermehl weg und erhalten so ein Low Carb und fetthaltiges Essen, das köstlich ist und Kindheitserinnerungen weckt!

4 PORTIONEN
VORBEREITUNGSZEIT 5 MINUTEN
KOCHZEIT 25 MINUTEN
MESSEREINSATZ A

PRO PORTION
Kalorien 703 / gesättigte Fettsäuren 33 g / Fett gesamt 54 g / Eiweiß 38 g / Kohlenhydrate 19 g / Ballaststoffe 5 g / Natrium 440 mg

4 EL Bio-Butter, aufgeteilt

285 g Champignons, in Scheiben geschnitten

1 Knoblauchzehe, fein gehackt

Salz

Schwarzer Pfeffer, frisch gemahlen

300 g gegartes Putenfleisch, in Streifen oder Würfel geschnitten

150 g Erbsen (aufgetaut, wenn TK)

3 oder 4 Sommerkürbisse, spiralisiert

375 g Crème double oder Sahne

40 g Schweizer Käse, gerieben

80 g Parmesan, gerieben

1. Den Backofen auf 190 °C vorheizen.

2. Die Butter in einer großen Pfanne bei mittlerer bis hoher Temperatur schmelzen. Darin die Pilze und den Knoblauch 5 bis 7 Minuten braten, bis alles gebräunt ist, gelegentlich umrühren.

3. Mit Salz und Pfeffer würzen, vom Herd nehmen und die Pilze mit einem Schaumlöffel in eine 32 x 24 cm große Auflaufform füllen. Das Putenfleisch und die Erbsen ebenfalls in die Auflaufform geben und alles gut miteinander verrühren.

4. In derselben Pfannen die Sommerkürbisnudeln dünsten, bis sie bissfest sind, 2 bis 3 Minuten. Mit Salz und Pfeffer würzen und in die Auflaufform geben. Gut mit den anderen Zutaten vermischen.

5. Die restlichen 2 EL Butter und die Crème double in die Pfanne geben und so lange rühren, bis die Butter geschmolzen ist. Die Buttermischung über die Puten-Erbsen-Pilz-Gemüsenudel-Mischung gießen und mit dem Schweizer Käse und dem Parmesan bestreuen.

6. Ca. 15 Minuten backen, oder so lange, bis der Käse geschmolzen ist und alles gut durchgewärmt ist. Vor dem Servieren etwas abkühlen lassen.

Tipp *Wenn Sie keine Milchprodukte verzehren, können Sie ein Paleo-Gericht aus diesem Rezept machen, indem Sie den Käse und die Crème double weglassen und Kokosmilch verwenden. Geben Sie beim Braten der Pilze eine zusätzliche Knoblauchzehe dazu und würzen den Auflauf entsprechend mehr mit Salz und Pfeffer, da Kokosmilch etwas süßer ist als Milchprodukte.*

Süßkartoffel-Taco-Pfanne

ONE-POT * MILCHFREI * PALEO

Ich habe manchmal Heißhunger auf den Geschmack von Taco-Salat, gleichzeitig aber auch auf ein warmes Essen. Dann gebe ich Süßkartoffelnudeln in eine Pfanne mit Putenhack und befriedige so beide Gelüste. Aus dieser Kombination entsteht eine köstliche Taco-Nudel-Pfanne, die Sie und Ihre Familie sicher lieben werden.

4 PORTIONEN
VORBEREITUNGSZEIT 5 MINUTEN
KOCHZEIT 20 MINUTEN
MESSEREINSATZ C

1 EL Olivenöl

½ Zwiebel, gehackt

1 Knoblauchzehe, fein gehackt

Salz

Schwarzer Pfeffer, frisch gemahlen

500 g Putenhackfleisch

2 EL Taco-Würzmischung

1 Limette, plus Limettenspalten zum Anrichten

2 mittelgroße Süßkartoffeln, spiralisiert

180 ml Salsa-Soße, aufgeteilt

1 Avocado, in Würfel geschnitten, zum Anrichten

2–3 EL frischer Koriander, gehackt, zum Anrichten

PRO PORTION
Kalorien **363** / gesättigte Fettsäuren **3 g** / Fett gesamt **16 g** / Eiweiß **29 g** / Kohlenhydrate **28 g** / Ballaststoffe **6 g** / Natrium **1.058 mg**

1. Das Olivenöl in einer großen Pfanne bei mittlerer Temperatur erhitzen. Zwiebel und Knoblauch darin 2 bis 3 Minuten anbraten, bis der Knoblauch duftet und die Zwiebel etwas weich geworden ist, dabei gelegentlich umrühren, damit die Zwiebel nicht anbrennt. Mit Salz und Pfeffer würzen.

2. Das Putenhack und die Taco-Würzmischung dazugeben und alles gut miteinander verrühren. 5 bis 7 Minuten braten, bis das Fleisch gebräunt ist.

3. Die Limette über dem Putenfleisch auspressen und die Süßkartoffelnudeln in die Pfanne geben. Erneut mit Salz und Pfeffer würzen, umrühren und 4 bis 5 Minuten garen, bis die Nudeln bissfest sind.

4. Ungefähr die Hälfte der Salsa zugießen und gut verrühren. Mit den Limettenspalten, der restlichen Salsa und der Avocado anrichten und mit Koriander bestreut servieren.

Tipp Wenn Sie sich nicht milchfrei ernähren, passt etwas darüber geriebener Käse und Sauerrahm gut zu dem Gericht.

Thanksgiving-Reste-Auflauf

ONE-POT

Ich weiß nicht, wie es Ihnen geht, aber ich liebe die Reste eines Thanksgiving-Essens – 2 oder 3 Tage lang, und dann hängen sie mir zum Hals heraus. Dieses Rezept kann Ihnen bei der Reste-verwertung von Thanksgiving-Menüs helfen, es kann aber auch ein von Thanksgiving inspiriertes Gericht sein, das Sie zu jeder anderen Jahreszeit zubereiten können. Ich verwende dafür gerne jegliches Gemüse, das ich noch übrig habe, spiralisiere aber immer ein paar Möhren und Zwiebeln, weil ich davon grundsätzlich zu viele kaufe und rumliegen habe.

4 PORTIONEN
VORBEREITUNGSZEIT 5 MINUTEN
KOCHZEIT 25 MINUTEN
MESSEREINSATZ C ODER D

150–300 g gebratene Pute, kleingeschnitten

2 oder 3 Möhren, spiralisiert

1 Zwiebel, spiralisiert

2 oder 3 Stangen Sellerie, kleingeschnitten

100 g grüne Bohnen, kleingeschnitten

60 g Mayonnaise

Salz

Schwarzer Pfeffer, frisch gemahlen

225–450 g Kartoffelpüree

¼ TL Paprikapulver

PRO PORTION
Kalorien **315** / gesättigte
Fettsäuren **3 g** / Fett
gesamt **10 g** / Eiweiß **25 g** /
Kohlenhydrate **32 g** /
Ballaststoffe **3 g** /
Natrium **511 mg**

1. Den Backofen auf 190 °C vorheizen.

2. Das Putenfleisch mit den Möhrennudeln, der Zwiebel, dem Sellerie, den Bohnen und der Mayonnaise in einer 32 x 24 cm großen Auflaufform miteinander mischen. Mit Salz und Pfeffer würzen.

3. Das Kartoffelpüree darüber geben und dies mit Paprika bestreuen.

4. 20 bis 25 Minuten backen, oder so lange, bis alles gut durchgewärmt ist. Heiß servieren.

Tipp Sie können zu diesem Gericht noch weitere Reste hinzugeben, wie kleingeschnittene Süßkartoffeln oder Truthahn-Füllung (obwohl die meisten Füllungen nicht glutenfrei sind). Sie haben kein Kartoffelpüree übrig? Dann versuchen Sie es mit dem spiralisierten Kartoffel-Deckel von der »Hähnchenpastete« (Seite 136). Paleo wird dieses Gericht, wenn Sie statt der Kartoffeln Süßkartoffeln einsetzen.

HAUPTGERICHTE MIT RIND- UND SCHWEINEFLEISCH

Rind- und Schweinfelsich sind großartige Proteinlieferanten – sie stecken voller Geschmack, und man kann so viel mit ihnen machen, ob es nun Hackfleisch ist oder Schweinekoteletts, Steaks oder Rippchen. Aufgrund dieser Vielseitigkeit kommt bei mir mindestens zweimal in der Woche Rind oder Schwein auf den Tisch, daher sind diese Rezepte diejenigen, die ich sehr häufig selbst verwende. Von Fleischbällchen über Salate bis hin zu Gerichten wie Lasagne bietet Ihnen dieses Kapitel eine Reihe von Ideen, die sättigen und befriedigen und ohne viele Kohlenhydrate oder Zucker auskommen.

Bánh Mì Salatwraps

MILCHFREI ✦ PALEO

Ich habe Bánh Mì zum ersten Mal in einem Burgerladen namens Beamers in meiner Heimatstadt Roanoke in Virginia gegessen. Das war auf keinen Fall ein traditionelles Bánh Mì, und vielleicht bin ich deswegen immer etwas kreativ bei meiner eigenen Zubereitung. Diese Bánh Mì Salatwraps beinhalten dünn geschnittenes Schweinefleisch und meine Lieblingsgemüsesorten (Gurken, Radieschen und Möhren), und so wird daraus eine köstliche Vorspeise, ein leckerer Snack oder ein leichtes Mittagessen.

4 PORTIONEN
VORBEREITUNGSZEIT 20 MINUTEN
KOCHZEIT 10 MINUTEN
MESSEREINSATZ D

60 ml weißer Essig, plus 1 TL

1 EL Coconut Aminos (oder glutenfreie Sojasoße)

2 Möhren, spiralisiert

½ Salatgurke, spiralisiert

3 oder 4 Radieschen, in dünne Streifen geschnitten

2 EL Honig

1 EL Sesamöl

¼ TL rote Paprikaflocken

500 g Schweinekoteletts, in dünne, mundgerechte Streifen geschnitten

4–6 große, gerundete Salatblätter (»Boote«) – entweder Römersalat oder Kopfsalat

2–3 EL frischer Koriander, gehackt, zum Anrichten

PRO PORTION
Kalorien **229** / gesättigte Fettsäuren **2 g** / Fett gesamt **8 g** / Eiweiß **26 g** / Kohlenhydrate **14 g** / Ballaststoffe **1 g** / Natrium **85 mg**

1. 60 ml Essig mit dem Coconut Aminos in einer kleinen Schüssel verrühren. Die Möhren- und Gurkennudeln sowie die Radieschen dazugeben. Abdecken und beiseitestellen (oder ca. 1 Stunde im Kühlschrank marinieren, s. Tipp).

2. Den Honig mit dem Sesamöl, dem restlichen Esslöffel Essig und den roten Paprikaflocken in einer großen Schüssel verrühren. Das Schweinefleisch dazugeben und mit der Marinade gut einreiben. 10 Minuten lang marinieren lassen. (Wenn gewünscht, kann dieser Schritt gleichzeitig mit dem Einlegen des Gemüses gemacht und das Fleisch ebenfalls eine Stunde ziehen gelassen werden.)

3. Das Fleisch mit der Marinade in einer großen Pfanne bei mittlerer bis hoher Temperatur 5 bis 7 Minuten lang braten, oder so lange, bis die Fleischstreifen durchgegart sind.

4. Die Salatblätter so anrichten, dass bootförmige Schüsseln daraus entstehen und mit dem gegarten Schweinefleisch belegen. Darauf eine großzügige Portion des Gemüses geben, mit dem Koriander bestreuen und servieren.

Tipp *Wenn ich es nicht eilig habe, lege ich das Gemüse gerne länger ein, und lasse die Möhren, Gurken und Radieschen für eine Stunde oder länger im Kühlschrank durchziehen, dann sind sie noch geschmackvoller.*

Vietnamesischer Nudelsalat

MILCHFREI • PALEO

Eine meiner absoluten Lieblingsküchen ist die vietnamesische Küche, und vor allem an kalten Tagen gibt es nichts Besseres als eine heiße Schüssel Pho. An heißen Tagen ist mein Favorit ein erfrischender, kühler vietnamesischer Nudelsalat. Meine Freundin Corri und ich sind früher immer vietnamesisch essen gegangen oder haben vietnamesisch bestellt, wenn wir mit ihren Hunden bei ihr hinterm Haus gesessen haben, deswegen muss ich jedes Mal an sie denken, wenn ich einen Salat wie diesen esse. Ich lasse die Reisnudeln weg und spiralisiere so viel Gemüse wie möglich, um aus diesem vietnamesischen Nudelsalat, den Sie vielleicht auch kennen und mögen, eine getreidefreie, kohlenhydratarme Paleo-Version zu kreieren.

2 BIS 4 PORTIONEN
VORBEREITUNGSZEIT 10 MINUTEN
KOCHZEIT 10 MINUTEN
MESSEREINSATZ D

2 EL Sesamöl
500 g Schweinefleisch, in dünne Streifen geschnitten
Salz
Schwarzer Pfeffer, frisch gemahlen
2 Möhren, spiralisiert
1 große Salatgurke, spiralisiert
1 große Zucchini, spiralisiert
2 Frühlingszwiebeln, gehackt
60 ml Reisessig
2 EL Fischsoße
1 Knoblauchzehe, fein gehackt
¼ TL rote Paprikaflocken
2–3 EL frischer Koriander, gehackt
Limettenspalten, zum Anrichten
2–3 EL Mandelblättchen, zum Anrichten

1. Das Sesamöl in einer großen Pfanne bei mittlerer bis hoher Temperatur erhitzen. Das Schweinefleisch darin 5 bis 6 Minuten lang braten, bis es durchgegart ist. Mit Salz und Pfeffer würzen und vom Herd nehmen.

2. Die Möhren-, Gurken- und Zucchininudeln mit den Frühlingszwiebeln in einer großen Schüssel miteinander vermischen.

3. Den Reisessig mit der Fischsoße, dem Knoblauch und den roten Paprikaflocken in einer kleinen Schüssel verrühren. Das Dressing über das Gemüse gießen und alles gut miteinander mischen. Mit dem Koriander bestreuen, mit Salz und Pfeffer würzen und in Servierschüsseln anrichten.

4. Das gebratene Schweinefleisch darauf verteilen und mit den Limettenspalten und Mandelblättchen anrichten.

Tipp Wenn Sie sich nicht nach Paleo ernähren, können Sie noch 100 g Bohnensprossen dazugeben oder gehackte Erdnüsse statt der Mandeln verwenden.

PRO PORTION
Kalorien **608** / gesättigte Fettsäuren **2 g** / Fett gesamt **28 g** / Eiweiß **69 g** / Kohlenhydrate **19 g** / Ballaststoffe **5 g** / Natrium **1.448 mg**

»Pasta« Bolognese

KETOGEN

Eines der Dinge, das mir am Experimentieren mit der ketogenen Ernährung gefällt, ist, dass ich im Gegensatz zu den meisten Paleo-Rezepten Milchprodukte verwenden darf. Wenn Sie nicht laktose-intolerant sind, sollten Sie bei einem Low Carb-Rezept manchmal Crème double oder Sahne hinzu-fügen, damit wird das Gericht auf ganz einfache Art so viel befriedigender. Diese Bolognesesoße über Zucchininudeln macht da keine Ausnahme.

2 BIS 4 PORTIONEN
VORBEREITUNGSZEIT 5 MINUTEN
KOCHZEIT 25 MINUTEN
MESSEREINSATZ D

3 EL Bio-Butter

1 Zwiebel, gehackt

2 oder 3 Knoblauchzehen, fein gehackt

2–4 Möhren, gehackt

2 oder 3 Stangen Sellerie, gehackt

500 g Rinderhack (am besten Weidefleisch)

Salz

Schwarzer Pfeffer, frisch gemahlen

450–500 g passierte Tomaten (je nach Packungsgröße), ohne Zuckerzusatz

250 g Crème double oder Sahne

Bis zu 250 ml Wasser, sofern benötigt

1 EL Olivenöl

3 oder 4 große Zucchini, spiralisiert

Parmesan, gerieben, zum Anrichten

PRO PORTION
Kalorien 1.129 / gesättigte Fettsäuren 46 g / Fett gesamt 85 g / Eiweiß 56 g / Kohlenhydrate 40 g / Ballaststoffe 10 g / Natrium 544 mg

1. Die Butter in einem großen Topf bei mittlerer Temperatur schmelzen. Die Zwiebel darin anbraten, dabei gelegentlich umrühren, bis sie glasig wird und zu karamel-lisieren beginnt, 3 bis 5 Minuten. Den Knoblauch dazu-geben und gut durchrühren, danach die Möhren und den Sellerie hinzufügen. Weitere 3 bis 5 Minuten garen.

2. Das Gemüse an die Seitenränder des Topfs schieben und in der Mitte Platz schaffen. Dort das Hackfleisch plat-zieren und zerkleinern. Wenn das Fleisch sich zu bräunen beginnt, nach ca. 3 Minuten, das Gemüse mit dem Hack gut vermischen und alles mit Salz und Pfeffer würzen.

3. Die Tomaten dazugießen, umrühren und zum Köcheln bringen. Dann die Temperatur auf niedrigste Stufe reduzieren. Die Crème double in die Soße geben, erneut umrühren und 10 bis 15 Minuten reduzieren las-sen. Wenn die Soße weniger dick sein soll, bis zu 250 ml Wasser hinzufügen.

4. Währenddessen das Olivenöl in einer großen Pfanne bei mittlerer bis hoher Temperatur erhitzen. Die Zucchininudeln darin 3 bis 4 Minuten dünsten, bis sie bissfest sind. Mit Salz und Pfeffer würzen.

5. Die Nudeln in Schalen oder tiefe Teller füllen, die Bolog-nese darüber geben und mit Parmesan bestreut servieren.

Tipp Dieses Gericht lässt sich leicht milchfrei und Paleo machen, wenn man die Crème double und den Parmesan weglässt. Wenn sie für Sie dann zu dick ist, können Sie etwas Hühner- oder Rinderbrühe in die Soße geben.

»Pasta« Carbonara

KETOGEN

Spaghetti Carbonara ist eines der Rezepte, das manche Menschen einschüchtert, dabei ist es so leicht selbst zu machen, und man braucht dafür noch nicht einmal viele Zutaten. Der Trick ist, die Hitze zu reduzieren, bevor man die Eier hinzugibt, damit eine sämige, soßenartige Textur und kein Rührei entsteht. Vergessen Sie nicht, die Nudeln mit Parmesan zu bestreuen … dieser verleiht dem Gericht extra viel Geschmack.

2 BIS 4 PORTIONEN
VORBEREITUNGSZEIT 10 MINUTEN
KOCHZEIT 20 MINUTEN
MESSEREINSATZ D

170–225 g Pancetta, gewürfelt

½ Zwiebel, gewürfelt

2 Knoblauchzehen, fein gehackt

2 oder 3 große Zucchini, spiralisiert

Salz

Schwarzer Pfeffer, frisch gemahlen

2 Eier, Größe L

50 g Parmesan, gerieben, plus mehr zum Darüberstreuen

frische Petersilie, gehackt, zum Anrichten

PRO PORTION
Kalorien **625** / gesättigte Fettsäuren **18 g** / Fett gesamt **47 g** / Eiweiß **42 g** / Kohlenhydrate **15 g** / Ballaststoffe **4 g** / Natrium **1.617 mg**

1. Den Pancetta in einer großen Pfanne bei mittlerer Temperatur braten, bis er beginnt knusprig zu werden, ca. 5 Minuten pro Seite. Mit einem Schaumlöffel aus der Pfanne nehmen und auf Küchenpapier legen, damit er knusprig bleibt. Die Zwiebel und den Knoblauch in die Pfanne geben.

2. Die Zucchininudeln hinzufügen und bissfest garen, ca. 4 bis 5 Minuten. Mit Salz und Pfeffer würzen und die Temperatur herunterstellen.

3. Die Eier in einer kleinen Schüssel verquirlen und mit Salz und Pfeffer würzen.

4. Die Eiermischung langsam über die Zucchininudeln gießen, dabei mit einem Löffel oder einer Pasta-Zange gut vermischen. (Es soll eine sehr cremige Soße entstehen, die die Nudeln umhüllt, ohne dass das Ei zu Rührei wird.) Den Parmesan dazugeben und weiter umrühren.

5. Zum Anrichten die Zucchininudeln in Schalen oder tiefe Teller füllen und Pancetta daraufgeben, mehr Parmesan und die Petersilie darüber streuen.

Tipp Wenn Sie keinen Pancetta bekommen, können Sie natürlich auch Speckwürfel verwenden.

Gemüsepasta mit Salsiccia in Knoblauch-Butter-Soße

ONE-POT ✳ KETOGEN ✳ PALEO

Als Kind mochte ich Wurst nicht so gerne. Mein Dad aß sehr gerne eine scharfe Wurst in seiner Pastasoße, aber mir sagte das einfach nicht zu. Heute kann ich gar nicht genug davon bekommen! Ich finde, dass die Zubereitung sehr einfach ist, das Gericht unglaublich köstlich ist, ohne dass man es stark würzen muss und zu jeglicher Art von Pasta gut passt (oder in diesem Falls zu Gemüsenudeln). In diesem Rezept wird die Salsiccia mit der Gemüsepasta und einer einfachen Knoblauch-Butter-Soße zusammengerührt und kann als leichtes Mittag- oder Abendessen gereicht werden.

4 PORTIONEN
VORBEREITUNGSZEIT 5 MINUTEN
KOCHZEIT 15 MINUTEN
MESSEREINSATZ D

8 EL Bio-Butter, aufgeteilt

1 Schalotte, gehackt

2 Knoblauchzehen, fein gehackt

2 große Zucchini, spiralisiert

2 oder 3 Sommerkürbisse, spiralisiert

2 Möhren, spiralisiert

Salz

Schwarzer Pfeffer, frisch gemahlen

500 g Salsiccia, gebraten und klein-geschnitten

1. 4 EL der Butter in einer großen Pfanne bei mittlerer bis hoher Temperatur schmelzen. Die Schalotte und den Knoblauch gemeinsam 2 bis 3 Minuten darin dünsten, bis der Knoblauch duftet und die Schalotte etwas weich geworden ist.

2. Zucchini-, Sommerkürbis- und Möhrennudeln dazugeben und weitere 3 bis 4 Minuten garen, bis das Gemüse bissfest ist. Mit Salz und Pfeffer würzen und die restlichen 4 EL Butter zufügen.

3. Die Wurst mit in die Pfanne geben und alles sanft miteinander verrühren. Noch einige Minuten braten lassen, bis alles gut durchgewärmt ist.

4. Vom Herd nehmen und direkt servieren.

Tipp *Lassen Sie die Wurst weg und verwenden stattdessen ca. 300 g Pilze in Scheiben, damit dieses Rezept vegetarisch wird.*

PRO PORTION
Kalorien **676** / gesättigte Fettsäuren **28 g** / Fett gesamt **59 g** / Eiweiß **22 g** / Kohlenhydrate **18 g** / Ballaststoffe **5 g** / Natrium **1.090 mg**

Zucchini-Spaghetti mit Fleischbällchen

Zucchininudeln mit Fleischbällchen sind eines der einfachsten Gerichte, bei denen sich Gemüsenudeln einsetzen lassen. Es war eines meiner ersten Gemüsenudel-Experimente, und ich liebe dieses Gericht noch immer. Jeder sollte ein einfaches Rezept für eine Tomatensoße haben, das man jederzeit einsetzen kann – und in diesem Fall garen die angeratenen Fleischbällchen in der Soße fertig und werden mit den Zoodles zu einem schnellen und einfachen Paleo-Essen.

4 PORTIONEN
VORBEREITUNGSZEIT 10 MINUTEN
KOCHZEIT 20 MINUTEN
MESSEREINSATZ D

Für die Fleischbällchen

500 g Rinderhack

½ kleine Zwiebel, gehackt

30 g frische Petersilie, gehackt

3 Knoblauchzehen, fein gehackt

1 Ei, Größe L, verquirlt

½ TL getrocknetes Basilikum

½ TL getrockneter Oregano

½ TL Salz

½ TL schwarzer Pfeffer, frisch gemahlen

1 bis 2 EL Olivenöl

Für die Soße und die Zoodles

1 EL Olivenöl

1 kleine Zwiebel, gehackt

2 Knoblauchzehen, fein gehackt

1 Dose (à 400–500 g) Tomatenstücke mit Soße (ohne Zuckerzusatz)

½–1 TL rote Paprikaflocken

3 oder 4 große Zucchini, spiralisiert

Salz

Schwarzer Pfeffer, frisch gemahlen

1 EL frische Petersilie, gehackt, zum Anrichten

PRO PORTION
Kalorien **546** / gesättigte Fettsäuren **9 g** / Fett gesamt **32 g** / Eiweiß **39 g** / Kohlenhydrate **31 g** / Ballaststoffe **10 g** / Natrium **466 mg**

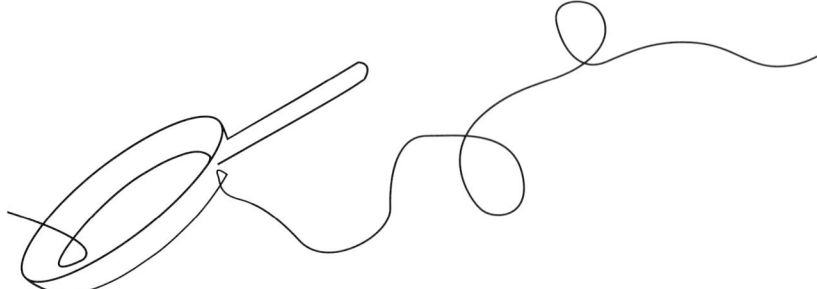

Zubereitung der Fleischbällchen

1. Hackfleisch, Zwiebel, Petersilie, Knoblauch, Ei, Basilikum und Oregano in eine große Schüssel geben. Mit Salz und Pfeffer würzen und alles gut miteinander vermischen. Mit den Händen zu Fleischbällchen formen und diese dann vorsichtig in eine große Pfanne, in der das Olivenöl bei mittlerer Temperatur erhitzt wurde, geben.

2. Die Fleischbällchen von allen Seiten anbraten, bis sie gut gebräunt sind, dabei alle paar Minuten wenden. Die Fleischbällchen auf einen Teller mit Küchenpapier legen und beiseitestellen.

Zubereitung der Soße und der Zoodles

1. In derselben Pfanne das Olivenöl erhitzen. Darin die Zwiebel und den Knoblauch 2 bis 3 Minuten braten, bis der Knoblauch duftet und die Zwiebel etwas weich geworden ist.

2. Die Tomaten mit dem Saft und die roten Paprikaflocken hinzufügen. Zum Köcheln bringen und die Fleischbällchen in die Soße geben. Abdecken und weitere 5 bis 7 Minuten garen, oder so lange, bis die Fleischbällchen durchgegart sind.

3. Die Zucchininudeln in die Pfanne geben und sanft unterrühren, damit alles miteinander verbunden ist. Vom Herd nehmen, mit Salz und Pfeffer abschmecken, mit Petersilie bestreuen und direkt servieren.

Tipp Streuen Sie etwas geriebenen Parmesan über das Gericht, wenn Sie sich nicht milchfrei oder Paleo ernähren.

Rübstiel-Pastinakennudeln mit Salsiccia

ONE-POT ∗ MILCHFREI ∗ PALEO

Ich habe Rübstiel zum ersten Mal in einem kleinen italienischen Restaurant in Palo Alto gegessen und wusste nicht, was mich erwarten würde. Es schmeckte mir richtig gut! Rübstiel wird auch Stielmus genannt. Es hat brokkoliähnliche Knospen, Stiele, die ähnlich bitter sind wie die von Brokkoli und dunkelgrüne Blätter – wie eine Mischung aus Brokkoli und Spinat. Ich mag es gerne in Kombination mit Wurst, und für dieses Rezept bringen wir es mit Pastinakennudeln zusammen und essen so noch mehr gutes Gemüse.

4 PORTIONEN
VORBEREITUNGSZEIT 5 MINUTEN
KOCHZEIT 20 MINUTEN
MESSEREINSATZ D

500 g Rübstiel, Stängel gekappt

60 ml Olivenöl

2 Knoblauchzehen, fein gehackt

115–170 g Salsiccia (Pelle entfernt, Brät zerkrümelt)

2 große Pastinaken, geschält und spiralisiert

¼ TL rote Paprikaflocken

Salz

Schwarzer Pfeffer, frisch gemahlen

PRO PORTION
Kalorien **486** / gesättigte Fettsäuren **10 g** / Fett gesamt **38 g** / Eiweiß **18 g** / Kohlenhydrate **20 g** / Ballaststoffe **6 g** / Natrium **708 mg**

1. Einen großen Suppentopf mit gesalzenem Wasser zum Kochen bringen. Den Rübstiel hineingeben und 2 bis 3 Minuten kochen, bis er geradeso zart ist. Abgießen und beiseitestellen.

2. Den Topf wieder auf den Herd stellen und das Olivenöl hineingießen. Den Knoblauch darin bei mittlerer Temperatur 2 bis 3 Minuten dünsten, dann das Wurstbrät dazugeben. So lange braten, bis es gut gebräunt ist, 5 bis 7 Minuten.

3. Die Pastinakennudeln hinzufügen und 3 bis 4 Minuten garen, bis sie bissfest sind.

4. Den Rübstiel wieder in den Topf geben und alles gut vermischen. Die roten Paprikaflocken dazugeben und mit Salz und Pfeffer würzen. Heiß servieren.

Tipp *Wenn Sie keinen Rübstiel bekommen, können Sie Brokkoli verwenden und etwas Sareptasenf dazugeben, der die Blätter ersetzt und diesen markanten, leicht bitteren Geschmack hat, der Rübstiel so köstlich macht.*

Rindfleisch Chow Mein

MILCHFREI * PALEO

Dieses spiralisierte Gemüse Chow Mein esse ich gerne, wenn mir nach chinesischem Essen ist, ich aber nichts bestellen will, weil das nicht gut für meine Ernährung ist. Dieses Gericht wird durch ein Steak noch besser, man kann aber auch Hühnerbrustwürfel verwenden. So gut wie jedes Gemüse, das Sie im Kühlschrank haben, passt hier, vor allem, wenn es spiralisierbar ist. Je mehr Nudeln, desto besser, vor allem mit diesen chinesischen Aromen.

4 PORTIONEN
VORBEREITUNGSZEIT 10 MINUTEN
KOCHZEIT 10 MINUTEN
MESSEREINSATZ D

Für die Soße

60 ml Coconut Aminos (oder glutenfreie Sojasoße)

3 EL Austernsoße

2 TL Sesamöl

1 TL Honig

1 TL Reisessig

¼ TL rote Paprikaflocken

Salz

Schwarzer Pfeffer, frisch gemahlen

Für das Chow Mein

2 EL Olivenöl

250 g Steak, in dünne Streifen geschnitten

2 Zucchini, spiralisiert

2 oder 3 Möhren, spiralisiert

50 g Chinakohl, gehobelt

2 Knoblauchzehen, fein gehackt

½ TL frischer Ingwer, geschält und fein gehackt

2 oder 3 Frühlingszwiebeln, gehackt

Sesamkerne, zum Anrichten

PRO PORTION
Kalorien **222** / gesättigte Fettsäuren **1 g** / Fett gesamt **12 g** / Eiweiß **15 g** / Kohlenhydrate **15 g** / Ballaststoffe **3 g** / Natrium **144 mg**

Zubereitung der Soße

Coconut Aminos, Austernsoße, Sesamöl, Honig, Reisessig und rote Paprikaflocken in einer kleinen Schüssel
miteinander verrühren. Mit Salz und Pfeffer würzen
und beiseitestellen.

Zubereitung des Chow Mein

1. Das Olivenöl in einer großen Pfanne bei mittlerer bis
hoher Temperatur erhitzen. Das Steak darin 4 bis 5 Minuten braten, bis es vollständig gebräunt ist. Zucchini-
und Möhrennudeln, Chinakohl, Knoblauch und Ingwer
dazugeben. Weitere 2 bis 3 Minuten garen und die
Temperatur auf mittel bis niedrig reduzieren.
2. Die Soße über alles gießen und gut umrühren, um
alles miteinander zu mischen. Vom Herd nehmen und
die Frühlingszwiebeln hinzufügen. Auf Schüsseln aufteilen, mit Sesamkernen bestreuen und servieren.

*Tipp Man kann statt des Rindfleischs auch Garnelen für
dieses Gericht verwenden, oder das Steak weglassen, wenn
man kein Fleisch isst.*

Bœuf Stroganoff

In einem meiner anderen Bücher habe ich ein Paleo Bœuf Stroganoff gemacht und Kokosmilch verwendet, doch dieses Rezept ist ketogen, daher verwenden wir stattdessen Crème double. Ich für meinen Teil kann von der Kombination aus Steak, Zwiebel, Knoblauch, viel Butter und Crème double nicht genug bekommen – und mit Gemüsenudeln statt Pasta muss ich noch nicht einmal darüber nachdenken, ob es okay ist.

2 BIS 4 PORTIONEN
VORBEREITUNGSZEIT 5 MINUTEN
KOCHZEIT 25 MINUTEN
MESSEREINSATZ A

6 EL Bio-Butter, aufgeteilt

1 große Zwiebel, in dünne Scheiben geschnitten

1 große Möhre, spiralisiert

2 Knoblauchzehen, fein gehackt

750 g Lendensteak vom Rind, in Würfel geschnitten

Salz

Schwarzer Pfeffer, frisch gemahlen

1 TL Thymian

250 ml Rinderbrühe

3 oder 4 Sommerkürbisse oder Zucchini, spiralisiert

125 g Crème double

Frischer Schnittlauch, zum Anrichten

PRO PORTION
Kalorien 1.081 / gesättigte Fettsäuren 36 g / Fett gesamt 72 g / Eiweiß 87 g / Kohlenhydrate 23 g / Ballaststoffe 6 g / Natrium 770 mg

1. 2 Esslöffel der Butter bei mittlerer Temperatur in einer großen Pfanne schmelzen. Zwiebel, Möhre und Knoblauch darin ca. 5 Minuten dünsten, bis die Zwiebel weich ist. Weitere 2 Esslöffel Butter in der Pfanne schmelzen lassen, dann das Steak zugeben. Das Fleisch von allen Seiten bräunen, 5 bis 6 Minuten. Mit Salz, Pfeffer und Thymian würzen.

2. Die Brühe zugießen und alles gut miteinander verrühren. Zum Köcheln bringen und ca. 10 Minuten simmern lassen oder so lange, bis die Flüssigkeit etwas reduziert ist.

3. Die Kürbisnudeln dazugeben und 2 bis 3 Minuten kochen, bis sie bissfest sind. Die restlichen 2 Esslöffel Butter und die Crème double hinzufügen. So lange rühren, bis die Butter geschmolzen und die Soße glatt ist, dann in Servierschüsseln oder tiefe Teller geben und mit Schnittlauch bestreut direkt servieren.

Tipp Das Rezept wird Paleo, wenn Sie statt der Crème double ungesüßte Mandel- oder Kokosmilch verwenden oder diese Zutat komplett weglassen.

Spiralisiertes »Jambalaya«

ONE-POT ✳ KETOGEN ✳ PALEO

Ich habe dieses Rezept einmal ohne etwas Spiralisiertes gekocht und mit Reis serviert und es als »Gumbo« bezeichnet. Meine Gäste, die meisten davon aus dem Süden der USA (viele aus Louisiana), ließen mich aber wissen, dass das auf keinen Fall ein Gumbo-Eintopf war, weil Gumbo immer mit einer dunklen Mehlschwitze gemacht wird. Da ich nie mit Mehl koche, nenne ich es jetzt spiralisiertes »Jambalaya«. Wenn ich etwas aus meiner Kindheit im Süden der USA gelernt habe, dann, dass die Menschen ihre regionalen Gerichte sehr ernst nehmen.

4 PORTIONEN
VORBEREITUNGSZEIT 5 MINUTEN
KOCHZEIT 20 MINUTEN
MESSEREINSATZ D

250 g Andouille-Wurst

1 EL Bio-Butter

1 große Zwiebel, spiralisiert

1 grüne Paprikaschote, spiralisiert

2 Stangen Sellerie, gehackt

Salz

Schwarzer Pfeffer, frisch gemahlen

250 g Garnelen, ohne Schale, entdarmt

2 EL Cajun Gewürzmischung

1 Lorbeerblatt

1 Dose (à 400 g) Tomatenstücke (ohne Zuckerzusatz), abgetropft

600 ml Hühnerbrühe

Frische Petersilie, gehackt, zum Anrichten

PRO PORTION
Kalorien **275** / gesättigte Fettsäuren **5 g** / Fett gesamt **11 g** / Eiweiß **29 g** / Kohlenhydrate **13 g** / Ballaststoffe **3 g** / Natrium **1.016 mg**

1. Die Wurst in einem großen Suppentopf bei mittlerer Temperatur braten, bis sie gebräunt ist, 5 bis 6 Minuten, dann beiseitestellen. Die Butter in dem Topf schmelzen und die Zwiebel, Paprikanudeln und den Sellerie dazugeben. Mit Salz und Pfeffer würzen. Während das Gemüse dünstet, die Wurst in Scheiben schneiden und zurück in den Topf geben.

2. Alles zusammen weitere 3 bis 4 Minuten kochen und dann die Garnelen zugeben. Mit Salz und Pfeffer würzen, danach die Cajun Gewürzmischung und das Lorbeerblatt hineingeben. Die abgetropften Tomatenstücke und die Hühnerbrühe dazugeben und alles zum Köcheln bringen. Mit Salz und Pfeffer abschmecken.

3. Auf niedriger Stufe mindestens 10 Minuten simmern lassen. Das Lorbeerblatt entfernen, mit Petersilie bestreuen und heiß servieren.

Tipp Wenn Sie kein Schweinefleisch mögen, können Sie Hühnchen statt der Wurst verwenden oder die Menge der Garnelen verdoppeln.

Gebratener »Reis« mit Schweinefleisch

ONE-POT ✦ PALEO

Mein Bruder und ich haben früher immer zusammen gebratenen Reis gemacht, und das tun wir heute noch manchmal, doch heutzutage wird es eine Version mit Daikonnudeln, die dann in der Küchenmaschine auf Reisgröße zerkleinert werden. Daikon-Rettich hat ein tolles Aroma, und ich suche immer nach neuen Ideen, wo ich ihn einsetzen kann. In diesem Rezept wird Schweinefleisch verwendet, das Sie auch durch Huhn ersetzen oder weglassen können, wenn Sie lieber vegetarisch essen möchten. Wofür auch immer Sie sich entscheiden, es wird sehr köstlich schmecken!

2 PORTIONEN
VORBEREITUNGSZEIT 10 MINUTEN
KOCHZEIT 20 MINUTEN
MESSEREINSATZ D

1 ½ EL Sesamöl

110–170 g Schweinelende ohne Knochen, gewürfelt

ca. 170 g Daikon-Rettich in Reisgröße – Rettich schälen und spiralisieren und dann mit einem Messer klein hacken oder in der Küchenmaschine auf Reisgröße zerkleinern

1–2 EL Bio-Butter

1 Knoblauchzehe, fein gehackt

¼ TL frischer Ingwer, geschält, fein gehackt

1 Möhre, gewürfelt

40 g Erbsen (aufgetaut, wenn TK)

¼ TL rote Paprikaflocken

2 EL Coconut Aminos (oder glutenfreie Sojasoße)

1 Ei, Größe L

PRO PORTION
Kalorien **402** / gesättigte Fettsäuren **10 g** / Fett gesamt **28 g** / Eiweiß **26 g** / Kohlenhydrate **14 g** / Ballaststoffe **4 g** / Natrium **446 mg**

1. Das Sesamöl in einer Pfanne bei mittlerer bis hoher Temperatur erhitzen. Das Schweinefleisch darin 5 bis 7 Minuten braten, bis es knusprig und gebräunt ist. Aus der Pfanne nehmen und beiseitestellen.

2. Den Daikon-Rettich in die Pfanne geben und den »Reis« gleichmäßig auf dem Pfannenboden ausbreiten, 1 bis 2 Minuten garen lassen, dann durchrühren und wieder ausbreiten. Dies mehrfach wiederholen, ca. 5 bis 6 Minuten, der »Reis« sollte schön knusprig werden.

3. Butter, Knoblauch und Ingwer dazugeben und gut verrühren, bis alles miteinander verbunden ist. Möhre, Erbsen, rote Paprikaflocken und Coconut Aminos hinzufügen.

4. Den gesamten Pfanneninhalt auf eine Seite schieben, das Ei in die Pfanne schlagen und zu einem Rührei braten. Dann mit den restlichen Zutaten des gebratenen Reis vermischen und das Fleisch wieder in die Pfanne geben. Ein oder zwei weitere Minuten garen, oder so lange, bis der gewünschte Grad an Knusprigkeit erreicht ist, dabei gegebenenfalls mehr Butter hinzufügen. Heiß servieren.

Tipp Dieses Rezept wird vegetarisch, wenn Sie das Schweinefleisch weglassen und ein oder zwei zusätzliche Rühreier hinzufügen.

Gemüsenudel-Pfanne mit Schweinefleisch

Dies ist eines der Rezepte, bei dem alles aus dem Kühlschrank verwendet wird. Alles fing damit an, dass ich an einem Sonntagabend einige Reste verwerten musste, und das schmeckte dann so gut, dass daraus ein eigenes Rezept geworden ist. Ich liebe die Kombination aus Brokkoli, Möhren und Pilzen, und Schweinfleisch schmeckt mit karamellisierten Zwiebeln besonders gut. Bei diesem schnellen Gericht, das in einer Pfanne gekocht wird, ist die Zubereitung, das Kochen und das spätere Saubermachen super einfach.

4 PORTIONEN
VORBEREITUNGSZEIT 10 MINUTEN
KOCHZEIT 20 MINUTEN
MESSEREINSATZ A UND D

1 oder 2 EL Olivenöl

1 Zwiebel, spiralisiert (Klinge D)

500 g Schweinefleisch, in Würfel geschnitten

Salz

Schwarzer Pfeffer, frisch gemahlen

285 g Champignons, in Scheiben geschnitten

1 Brokkoli, Röschen abgetrennt, Stiele spiralisiert

2 oder 3 Möhren, spiralisiert

PRO PORTION
Kalorien **260** / gesättigte
Fettsäuren **2 g** / Fett
gesamt **11 g** / Eiweiß **26 g** /
Kohlenhydrate **16 g** /
Ballaststoffe **5 g** /
Natrium **406 mg**

1. Das Olivenöl in einer großen Pfanne bei mittlerer Temperatur erhitzen. Die Zwiebel darin 2 bis 3 Minuten anbraten. Die Temperatur höher stellen, das Schweinefleisch dazugeben und bräunen, 4 bis 5 Minuten. Mit Salz und Pfeffer würzen.

2. Die Pilze dazugeben und garen, bis sie gebräunt sind, 3 bis 4 Minuten.

3. Die Brokkoliröschen sowie die Brokkoli- und Möhrennudeln hinzufügen. Erneut mit Salz und Pfeffer würzen. Alles zusammen weitere 8 bis 9 Minuten garen, bis die Nudeln zart sind, dabei gelegentlich umrühren. Vom Herd nehmen und direkt servieren.

Tipp Wenn Sie ein ketogenes Gericht aus diesem Paleo-Rezept machen wollen, geben Sie 125 g Crème double dazu, bevor die Pfanne vom Herd genommen wird und bestreuen das Ganze vor dem Servieren mit 60 g geriebenem Käse.

Zucchininudel-Lasagne

ONE-POT

Dieser Wohlfühlauflauf ist die Schnellversion eines Rezepts, das ich oft gemacht habe, wo man mit einem Sparschäler lange Streifen Lasagnenudeln von einer Zucchini schneidet. Heute verwende ich die Bandnudel-Klinge meines Spiralschneiders und werfe dann alles in einen Topf, was schneller geht und schneller gar ist. Man braucht dafür ein bisschen länger als für die anderen Rezepte in diesem Buch, aber das ist es wert. Gemüsenudel-Lasagne in 45 Minuten? Legen wir los.

4 PORTIONEN
VORBEREITUNGSZEIT 5 MINUTEN
KOCHZEIT 40 MINUTEN
MESSEREINSATZ A

1 EL Olivenöl

250 g Salsiccia, Pelle entfernt, zerkrümelt

250 g Rinderhack

1 Zwiebel, spiralisiert

1 kleine grüne Paprikaschote, spiralisiert

1 Dose (à 450 ml) Tomatensoße (ohne Zuckerzusatz)

2 EL Tomatenmark

2 EL frische Petersilie, gehackt

1 EL frischer Oregano, gehackt

2 EL frisches Basilikum, gehackt

2 große Zucchini, spiralisiert

225 g Ricotta

Salz

Schwarzer Pfeffer, frisch gemahlen

60 g Mozzarella, gerieben

PRO PORTION
Kalorien **335** / gesättigte Fettsäuren **7 g** / Fett gesamt **18 g** / Eiweiß **27 g** / Kohlenhydrate **19 g** / Ballaststoffe **5 g** / Natrium **911 mg**

1. Den Backofen auf 160 °C vorheizen.

2. Das Olivenöl in einer großen ofenfesten Pfanne bei mittlerer Temperatur erhitzen. Die Wurst darin 5 bis 7 Minuten braten, bis sie gut gebräunt ist, dann aus der Pfanne nehmen und beiseitestellen. Das Hackfleisch in die Pfanne geben. 5 Minuten braten, dabei mit einem Holzlöffel zerkleinern. Die Zwiebel und die Paprikanudeln dazugeben. So lange braten, bis das Fleisch nicht mehr rosa ist, ca. 2 weitere Minuten.

3. Tomatensoße, Tomatenmark, Petersilie, Oregano und Basilikum unterrühren. Wenn die Soße zu kochen beginnt, die Temperatur reduzieren und 10 Minuten köcheln lassen, dabei gelegentlich umrühren. Ca. 2 bis 3 Minuten vor Ende der Kochzeit die Zucchininudeln dazugeben und gut verrühren. Zum Schluss die gebratene Wurst hineingeben und die Pfanne vom Herd nehmen.

4. Den Ricotta zugeben, alles miteinander verrühren und dann mit Mozzarella und danach nach Belieben mit Salz und Pfeffer bestreuen.

5. Mit Alufolie abdecken und 15 Minuten lang backen, oder so lange, bis der Käse geschmolzen ist. Aus dem Ofen nehmen und vor dem Servieren etwas abkühlen lassen.

Tipp Dieses Rezept wird vegetarisch, wenn Sie gewürfelte Pilze statt der Wurst und des Hackfleischs verwenden.

Cheeseburger-Nudel-Pfanne

ONE-POT ◆ KETOGEN

Als ich mit ketogener Ernährung angefangen habe, wurde alles, was mit Cheeseburgern gemacht wird, zu meinem Lieblingsessen – ich bin dann immer zu In-N-Out Burger gegangen und habe einen »3x2 Protein Style« gegessen (das sind 3 Fleischpattys und 2 Scheiben Käse mit Salatwrap statt Brötchen), und das war das Beste, was ich je gegessen hatte. Ich mache zuhause aber nicht gerne Burger in Salatblättern, deswegen habe ich diese Cheeseburger-Nudel-Pfanne kreiert. Rindfleisch, Käse, etwas Tomatenmark und viel Gemüse – das ist so ziemlich das perfekte ketogene Essen, und man kann es in einer Pfanne zubereiten!

4 PORTIONEN
VORBEREITUNGSZEIT 5 MINUTEN
KOCHZEIT 15 MINUTEN
MESSEREINSATZ D

2 EL Olivenöl

1 Zwiebel, spiralisiert

1 Knoblauchzehe, fein gehackt

500 g Rinderhack

1 EL Tomatenmark oder Ketchup

Salz

Schwarzer Pfeffer, frisch gemahlen

2 große Zucchini, spiralisiert

115 g Cheddar, gerieben

PRO PORTION
Kalorien **375** / gesättigte
Fettsäuren **10 g** / Fett
gesamt **25 g** / Eiweiß **32 g** /
Kohlenhydrate **7 g** /
Ballaststoffe **2 g** /
Natrium **299 mg**

1. Das Olivenöl in einer großen ofenfesten Pfanne bei mittlerer bis hoher Temperatur erhitzen. Zwiebel und Knoblauch darin 2 bis 3 Minuten braten, bis der Knoblauch duftet und die Zwiebel beginnt, weich zu werden.
2. Das Hackfleisch dazugeben und 5 bis 7 Minuten braten, bis es gut gebräunt ist. Tomatenmark zufügen und mit Salz und Pfeffer würzen. Alles gut miteinander verrühren, dann die Zucchini hinzufügen. Nochmals gut miteinander verrühren und den Cheddar darüber streuen.
3. Die Grillstufe des Backofens vorheizen.
4. So lange grillen, bis der Käse geschmolzen ist, 4 bis 5 Minuten. Vor dem Servieren etwas abkühlen lassen.

Tipp Wenn Sie sich nicht ketogen ernähren und keine Kohlenhydrate zählen, können Sie Kartoffeln oder Süßkartoffeln statt der Zucchini verwenden.

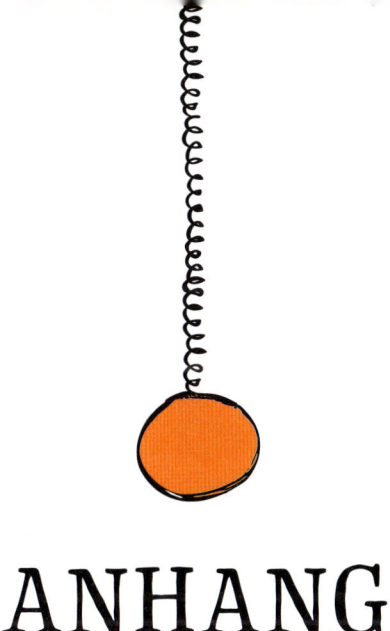

ANHANG

LIEFERSERVICES FÜR OBST UND GEMÜSE

www.biomano.de Bio-Lebensmittel von einzelnen Obst- und Gemüsesorten über Obst- und Gemüsekosten bis hin zu Bio-Getränken sowie
Vorratsprodukten.

www.bringmirbio.de Deutschlandweiter Bio-Lieferservice für Obst,
Gemüse und andere Artikel, auch Bio-Kisten, Kochpakete und Käsepakete.

www.etepetete-bio.de Bio-Kisten, Obst- und Gemüse-Kisten in klein
und groß von einem Netzwerk an Bio-Bauern in ganz Deutschland im
gewünschten Lieferintervall.

www.fruchtknall.de Nachhaltiges Obst, Trockenfrüchte und Gemüse,
Nüsse, Essig & Öl und Frischekisten, deutschlandweite Lieferung.

www.gegessenwirdimmer.de Frisches Bio-Obst und -Gemüse, Snacks oder
Lebensmittel und verschiedene warme und kalte Getränke.

www.lebegesund.de Hochwertige, natürliche, tierfreundliche Lebensmittel
aus deutscher Herstellung, auch Pakete wie ein Smoothie-Paket, Wok-Ge-
müse-Paket, Single-Pakete etc.

www.natur.com Natur.com bietet eine umfangreiche Produktpalette an
Bio-Produkten, von Früchten und Gemüse über Milch- und Soja-Speziali-
täten bis hin zu Fleisch und Fisch.

www.oekokiste.de Gemeinsame Marke von 40 Lieferbetrieben in Deutschland, liefert Bio-Ware von Obst und Gemüse über Fleischwaren und
Molkereiprodukte bis zu Brot, Eiern etc.

… oder Ihr Biobauer vor Ort!

MEINE ANDEREN KOCHBÜCHER

- *The Big 10 Paleo Spiralizer Cookbook*: Mein zweites Buch, voller Paleo-Rezepte und nach Gemüsesorten sortiert.

- *The Big 15 Ketogenic Diet Cookbook*: Mein drittes Buch, das voller Low Carb-Rezepten mit hohem Fettanteil ist, die perfekt sind, wenn Sie mit Ketose experimentieren.

- *The Big 15 Paleo Cookbook*: Mein erstes Buch, das sehr gut ist, wenn Sie sich für die Paleo-Ernährung interessieren.

Danksagungen

Ich möchte meinem großartigen Ehemann Rob danken, der mich immer bei all meinen Unternehmungen unterstützt und grundsätzlich an mich glaubt. Rob, die bist der wunderbarste Mensch, den ich kenne, und ich bin unglaublich glücklich, dass ich mein Leben mit dir verbringe.

An die Leser meines Blogs und meiner Kochbücher, wie immer danke für eure Unterstützung und eure Freude, immer wenn ich ein neues Projekt vorstelle. Vor beinahe fünf Jahren habe ich meinen Job gekündigt, um selbstständig zu arbeiten und täglich zu schreiben, und ohne euch wäre das alles nicht möglich.

Und last but not least vielen Dank an Callisto Media für unsere andauernde Partnerschaft und die Möglichkeit, ein weiteres Buch zu veröffentlichen.

Die Autorin

MEGAN FLYNN PETERSON ist die Autorin des Blogs *Freckled Italian*, der sich mit dem Leben, der Liebe und ganz viel Essen beschäftigt. Sie hat bereits folgende Kochbücher veröffentlicht: *The Big 10 Paleo Spiralizer Cookbook*, *The Big 15 Ketogenic Diet Cookbook* und *The Big 15 Paleo Cookbook*. Megan lebte früher in Virginia, Minnesota und North Carolina, hat sich nun aber mit ihrer Familie in der Bay Area von San Francisco niedergelassen.

Lesen Sie mehr von Megan auf *freckleditalian.com/blog*, oder auf Instagram und Twitter: *@mflynnpete*.

Index

Bildnachweis

Marija Vidal, Food Styling by
Cregg Green: S. 27, 59, 73, 99,
111, 127, 137, 149, 155 • David Coe:
S. 171 • Shutterstock: S. viii, 119
@ RomanYa; S. ix @ Burunduk's;
S. 8, 17 @ thefoodphotographer;

S. 11 @ Africa Studio; S. 23 @
Flaffy; S. 33, 65 @ zarzamora;
S. 43 @ YARUNIV Studio; S. 49,
103, 156 @ Iryn; S. 67 @ Gondex;
S. 79 @ zefirchik06; S. 89 @
lidante; S. 93 @ Alexandros T;

S. 113 @ 5PH; S. 121 @ Krzysztof
Slusarczyk; S. 133 @ valeriia63;
S. 141 @ Askhat Gilyakhov; S.
143, 159 @ Artur Balytskyi

Kathryne Taylor

Love Real Food

Mit über 100 vegetarischen Gerichten der Nr. 1 US-Foodbloggerin

280 Seiten, geb., € 29,90

LOVE REAL FOOD! Niemand versteht es besser, Lust auf natürliche, vollwertige Lebensmittel zu wecken, als das Kochtalent Kathryne Taylor. Sie ist das Gesicht, das hinter Amerikas beliebtestem Food Blog *Cookie and Kate* steht und präsentiert auf ihre einmalige Art über 100 leicht umsetzbare und unerhört leckere Rezepte, die sich auch in gluten-, milch- und eifreie Versionen verwandeln lassen. Ihr Buch zeigt jedem – egal, ob Vegetarier, Veganer oder Fleischesser –, wie man gut isst und sich gut dabei fühlt. Mit diesem Buch wird das Kochen kreativer, pflanzenbasierter und vollwertiger Gerichte zu Ihrer neuen Leidenschaft werden. Verlieben Sie sich in luftig-lockere Hafer-Zimt-Pancakes und cremigen Cashew-Chai-Latte, in Fettuccine in Cremesauce mit sonnengetrockneten Tomaten und Spinat und viele weitere unwiderstehliche Leckereien. Das besondere Schmankerl dieses Buches ist kein Rezept, sondern Cookie, der karottenverrückte Vierbeiner, der Kathryne schon auf ihrem Blog Cookie and Kate seit Langem die Show und die Herzen ihrer Leserinnen und Leser stiehlt. Kathryne zelebriert vollwertiges Kochen mit Leib und Seele. Vertrauen Sie ihren begeisterten Fans: Sie werden ihre Gerichte lieben und sich fantastisch dabei fühlen.

Richa Hingle

Richas kulinarische Welt der Aromen

150 vegane Rezepte zum Genießen

304 Seiten, geb., € 29,90

Nach ihrem Sensationserfolg Vegane indische Küche hat Richa Hingle die beliebtesten internationalen Delikatessen zusammengetragen und sie mit außergewöhnlichen Aromen in spannende neue Geschmackserlebnisse verwandelt. Ihre einfallsreichen rein pflanzlichen Kombinationsideen werden in jeder Küche zu fantastischen Kreationen. Richas Rezepte bestechen durch ihre ansteckende Kreativität und eine unvergleichliche geschmackliche Vielfalt. Sie sind perfekt für den Alltag geeignet, lassen sich einfach nachkochen und können auch als gluten- und sojafreie Varianten zubereitet werden.

Genießen Sie den vollmundigen Geschmack köstlicher Currys, wärmender Aufläufe, phänomenaler pflanzenbasierter Burger und vieler weiterer Wohlfühlgerichte. Lassen Sie sich von Rezepten wie knusprigem Kung-Pao-Blumenkohl, Quinoa-Möhren-Barbecue-Burgern oder Tiramisu-Toffee-Riegeln verführen, und entdecken Sie eine wunderbare neue Welt an Saucen, Suppen, Sandwiches, Frühstücksoptionen, Hauptgerichten und süßen Verlockungen. Dieses Buch hat das Zeug zum Klassiker und begeistert schon jetzt weltweit Tausende vegane wie auch nicht-vegane Genießer.

Angela Liddon

Oh She Glows!
Das Kochbuch

Über 100 vegane Rezepte, die den Körper zum Strahlen bringen

344 Seiten, geb., € 29,–

Angela Liddons lang erwartetes erstes Kochbuch verführt mit über 100 unwiderstehlichen und vollwertigen Rezepten und enthält sowohl umgewandelte Klassiker, die sogar Fleischfans lieben werden, als auch unglaublich frische und innovative Gerichte voller purem Geschmack. Darüber hinaus wartet ihr Kochbuch mit vielen Rezepten für Allergiker auf – u.a. mehr als 90 glutenfreien Gerichten und vielen weiteren, die gänzlich auf Soja, Nüsse, Zucker und Getreide verzichten. Egal ob Sie vegan leben oder einfach nur neugierig sind und köstliche Rezepte ausprobieren wollen, die zufällig auch noch gesund sind: Dieses Kochbuch ist ein Muss für alle, die gut essen, sich großartig fühlen und einfach strahlen wollen! Angela Liddon ist Autorin, Fotografin und Rezeptentwicklerin für ihren Blog Oh She Glows, der weltweit bekannten und beliebten Internetadresse für gesunde vegane Rezepte, die monatlich mehr als 6 Millionen Besuche verzeichnet. Sie hat außerdem einen Abschluss in Psychologie und hilft anderen Menschen dabei, durch eine pflanzliche Ernährung zu einer verbesserten Gesundheit und höheren Lebensfreude zu finden.

Terry Hope Romero

Salat Samurai

100 ultimative, besonders herzhafte, schnell zubereitete Salate,
für die man nicht vegan sein muss, um sie zu lieben

192 Seiten, geb., € 19,80

Salatschlacht vom Feinsten: Terry Hope Romero ist Bestseller-Autorin von Kochbüchern aus New York und hat für ihre kulinarischen Meisterleistungen bereits so manchen Preis abgestaubt. Mit Salat Samurai kehrt sie zurück, um Sie in den Weg des Gemüse-Kriegers einzuweisen. Sie befreit den Salat mit mehr als 100 wunderbaren, sättigenden Hauptspeisen von seinem »Beilagen«-Status und Ruf als langweilige Kummerkost.

Mit deftigen Grundlagen, pikanten Dressings und Unmengen an mordsleckeren Toppings begleitet Sie dieses Buch auf Ihrem Weg zu einem wahrhaftigen Salat-Krieger. Die vielseitigen fleisch- und milchfreien Gerichte bedienen sich vollwertiger und saisonaler Zutaten und bilden, nach Jahreszeiten angeordnet, ein ganzes Jahr voller unvergesslicher Speisen (ja, Salat kann auch den tiefsten Winter aufheizen!)

Salat Samurai macht Schluss mit faden Salaten und steckt voller Energie und Superfoods. Viele der Rezepte sind glutenfrei, haben Rohkost-Optionen und sind für den Job oder Feierabend geeignet. Ein Kochbuch, das Sie den Weg des Salats lehrt: gesundes, verführerisch leckeres Essen, das satt macht..